# 落語とは、俺である。

## 立川談志 唯一無二の講義録

立川談志

竹書房

# まえがき

吉村作治《よしむらさくじ》
（東日本国際大学学長、早稲田大学名誉教授）

談志師匠と直接お目にかかり、お話をしたのは今から十数年ほど前、私が日本の祭りに参加するために沖縄に行ったときのことです。ホテルのレストランで朝食をとるべく席を探しているとき、唯一空席があったのが師匠の前でした。きっと皆恐ろしくて前に座らせてくださいと言えなかったのでしょう。台風の目のようにぽっかりと空いていたのです。私も大師匠の前に座ってはいけないのだという気持ちと、出発までの時間の無さと、師匠の前に座りたいとの様々な想いで、「ここいいですか？」と伺《うかが》ったところ、「ああ、いいよ。君度胸あるな」と言われてしまいました。
「君何しに来たの？」と座るやいなや聞かれました。「那覇《なは》大綱挽《おおつなひき》を観に来たのです」と申しますと、「大綱挽のどこが面白いの？」とおっしゃるので、綱挽だけでなく、日本全国の祭りを観てまわっていることを述べましたところ、「そう、暇でいいね」とおっしゃり、「お先に」と席を立たれました。

胸がドキドキ高鳴り、食事どころではありませんでしたが、数分ほど経《た》って「あなた、エジプトで有名なんだってね。頑張れよ」と励ましてくださったので、私は後を追うように自分の名刺をお渡ししたのです。

帰京してしばらくすると、談志師匠から一通の葉書が届きました。文面は、今度国立劇場小劇場で独演会があるのでいらっしゃいというものでした。招待状も何もなく入場料を払うつもりで行きますと、お弟子さん風の方に「吉村先生ですね、これ招待状です。終わったら楽屋にいらしてください」と言われ、感動しました。

落語そのものは一時間ほどで本当にあっという間でした。終演後、楽屋に伺うと、有名な方が沢山《たくさん》いらっしゃり、入る隙《すき》もなかったのですが、師匠が「そこのエジプト、こっちにいらっしゃい」とお声掛け下さり、色々なお話をさせて頂《いただ》きました。もちろん、エジプトの話です。最後に「ところで毎週木曜ＭＸテレビで番組やっているのだけど、一度ゲストで来ない？」とＴＯＫＹＯ　ＭＸの担当者をご紹介頂きました。

それ以来のお付き合いです。毎週木曜が楽しみで番組そのものも面白かったのですが、その後、銀座の師匠行きつけの「美弥《みや》」というお店で皆で集まっていろいろな話をしたのもいい想い出です。特に、帰りは同じ方向とのことで、ご一緒させて頂いた車中での会話は素晴らしいひとときでした。例えば「時限の話」、「マイナスとプラスの話」、「地球の歴史と人類の関わり方」等、様々なジャンルのお話をして、師匠のお考えと私の意見のすり合わせもまた楽しいものでした。時々、師匠のお宅に招かれ、冷蔵庫にとってある弁当を温めて食べたり、私の家に寄って頂き、ソーダ水を飲みながら話の続きをしたりしたのがまるで夢のようです。

あるとき、私が「実は私も落語家になりたかったのです」と言いますと、「何《な》故《ぜ》ならなかったの?」とおっしゃるので「才能がなかったのです」と申しますと、「じゃ、ここでやってみな」と言われ、小噺《こばなし》をしましたところ、「この年でこれじゃ、やっぱり落語家にならなくてよかった。これぐらいでは、せいぜい大学の先生がいいとこだね」とおっしゃり、やっぱりならなくて良かったのだと思った次第です。

この講義集によって私は、落語を通して人と人とのコミュニケーションの取り方をお教え頂きました。素晴らしいものです。何回も何回も繰り返し学びました。

師匠が亡くなった後、野末陳平《のずえちんぺい》先生と師匠のお墓参りに行き、「師匠待っていてください。あの世で落語の手ほどきをお願いします」と申し上げました。いつの日かあの世でお会い出来て、手ほどきを受けられるかもしれません。「いいか、間違えるな。天国じゃなくて地獄だぞ、オレの待っているのは」と師匠はおっしゃるでしょう。

# 目次

## 第一回　落語とは

第二回　**落語の誕生**



第三回　**名人の系譜**

## 第四回　爆笑王

## 第六回　落語家のシステム

## 第七回　落語実演『金玉医者』

## 最終回　ジョーク

# 落語とは、俺である。

立川談志 唯一無二の講義録

＊本書収載の講義は、インターネットを通じて配信されました。収録日は次の通りです。

第一回　落語とは　二〇〇七年六月十五日収録
第二回　落語の誕生　二〇〇七年六月二十二日収録
第三回　名人の系譜　二〇〇七年六月二十九日収録
第四回　爆笑王　二〇〇七年七月六日収録
第五回　駄洒落　二〇〇七年七月十三日収録
第六回　落語家のシステム　二〇〇七年七月二十日収録
第七回　落語実演『金玉医者』　二〇〇七年七月二十七日収録
最終回　ジョーク　二〇〇七年七月二十七日収録

＊本書は右記の講義音源を書籍化したものですが、読みやすさを考慮して、用字・用語の統一、口調や文意を損なわない程度の修正・編集を加えています。

# 第一回

# 落語とは

## 正しい人間

オッス。知ってる？　俺。何？　「たちかわだんし」だ？　そう読みゃそうなるがね。「たてかわ」っていうんですよ。

江戸の埋め立ての下町にね、竪川《たてかわ》と横川《よこかわ》っていうのがあってね。横川は今でもありますよ。その「竪」が「立」に変わって「スタンダップ・リバー」になったんだよね。

いい名前だろ？　「志を語る」なんて。炎のように語る。「志」は「武士の心」だ。

吉村《よしむら》（作治《さくじ》）先生から頼まれてね。頼まれなきゃ来ないよ。「金やるからしゃべれ」と、こうきた。どんなこと言うかわからないよ。結構面白いかもしれないけどそれはわからない。だから他に用事があったら先にしといたほうがいいよ。女に電話かけるとか、男の部屋に行ったほうがいいってんなら先にそっちをやって。これ、いつでもスイッチで出てくるんだろ？　噺家《はなしか》もスイッチを入れると出てくるようになっちゃおしまいだよ。

俺のことを聴くなら独演会に来りゃいいんだけど、そうもいかねえからね、こういうところで勉強だ。

沖縄に行ったらね、「談志さん、沖縄じゃ見られないんですよ。来て演《や》ってくださいよ」って言いやがんだよ。「東京で演ってんだから来りゃいいじゃねえか」って言ったら「それほどじゃないですよ」だって。それほどじゃないんですよ。まあいいや。

ただ言っておくが、俺よりすごい芸人はいないよ。言わないとわかんないだろうから言っとくけど、知ってる人はわかるよな。

講義と言うが、我々のほうは「公演」で「公《おおやけ》に演ずる」と書きますね。「美空ひばり公演」。美空ひばり、知ってる？

「現代について――立川談志先生講演」なんて、こういうときは「講ずる」と書くね。今日は「講ずる」ほうなんだけど、内容的には「公演」のほうに近いかもしれませんね。

つまり落語を通じて人間を追う。「人間って何なんだ」ということにも結論を出してやるよ。これを覚えちゃうと、夢も希望もなくなっちゃうけどね。

結論だけ言うと、「所詮《しょせん》人生、死ぬまでの暇つぶし」みてえなもんだよ。落語を知っていると、いくらかそれを客観的に見ることができるということだ。

私は学歴なんて、何もない。よく「学歴」と言うが、「学歴」がないんじゃねえんだ、「学校歴」がないだけなんだよ。ジャイアンツの長嶋が立教のどこを出たか知らないけど、法律を聞いたって政治を聞いたってわかんなかっただろうね。野球を聞いたって、わかんねえこと言ってんだから。「あれはですな、非常にエキサイティングなポーズで投げてきました」って、何が何だかわからない。強《し》いて言うなら野球学。俺には落語学がある。

主婦がよく言うでしょう。「うちの父ちゃん、雨の日が嫌いなのよ。でもね、朝顔を見るとすっきりするのね。だから見えるところに置いておくの。ごはんはね、御味御汁《おみおつけ》が何より。一番がジャガイモなのよ。あとワカメ、ネギとかね。雨が降ると嫌だけど、『父ちゃん、晴れるよ』なんて言うとうれしそうに食う」。これは主婦学だ。主婦学という「学歴」でしょう。

「落語学」は、誰も俺にはかなわねえだろうな。演者または批評家、過去を含めて俺みたいな奴《やつ》はいなかった。別に、俺の自慢をするためにこの時間があるわけじゃないいんだがね。

ついでに言うと、学校歴がなくても俺は自分のことをとても正しい人間だと思ってる。正しい人間だな、俺は。なぜ正しいかというと、いつもこんなところでしゃべったり、いろんなところでしゃべり、駄弁《だべ》り。で、「間違ってんじゃねえかなぁ」といつも思ってる。これ「正しい人間」って言うんでしょ? 「俺、間違ってるんじゃねえかなぁ」と思っている人間を。俺はそう思うがね。

少なくも、あのテレビに出てくるコメンテーターとは違うつもりでいるがね。まあ一緒にすると、向こうがぶるう（恐れて畏縮《いしゅく》する）けどね。ええ？　能書きが長《なげ》え？　ああ？　「落語とは何だ」？　落語とは俺だよ。ええ？　「それじゃわかんねえ」？　「それじゃ金は払わない」？

何かというと金って言うね、あんた。あのね、つまり落語を字で書きゃあ、「落ちることば」「落ちのある話」とでも言いますか。概念として、大概はわかっている。けど、今は「落語」と言うと、「大勢で座布団《ざぶとん》の取りっこするんでしょ？」なんてことにもなる。

あれ［＊1］は、俺が作っただけに始末が悪い。あんなもん、作らにゃよかったと思う。

**その時分の暮らし、人情の機微**

物事には何事も……虫がここピュッと飛んでったけど大丈夫ね？　画面のところ、大丈夫ね？

物事には何事も内容と形式がある。形式的には「立川談志」とか何とか。内容

［＊1］演芸番組「笑点」（日本テレビ系列、一九六六年放送開始）のこと。一九六五～一九六六年放送）が前身。初代司会を談志がつとめた。

的には小便が近くて、目が見えなくて……、それは野末陳平《のずえちんぺい》だ。つまり内容的には、頭がよくて優しくて親切で、〝人を見たらば泥棒と思え〟と言い、トイレが長くて……なんだかわかんなくなった。

落語の「形式」ってのは、着物を着て、座ってですな、面白いこと、楽しいことをしゃべるということ。

アメリカに、「スタンダップ・ジョーカー」ってのがいますね。立ってしゃべってジョークを言う。古いところではジャック・ベニー、ボブ・ホープ、ビル・コスビー、エディ・マーフィだってそうでしょ。ロビン・ウィリアムズ。みんなコメディアン。

それに比して言えば、「シットダウン・ジョーカー」、座ってしゃべるジョーカーだと言えないこともない。外国人に説明するのなら、古くなりますが、「アイム・ジャパニーズ・ジョニー・カーソン〔＊2〕」なんて言い方をすれば、「オー、ジョニー・カーソン！」。

じゃあ「内容」は何だと言うと、ストーリーを通して、これは江戸が中心ですね、人間生活の諸行無常をしゃべっている、ということでしょう。

ほとんどの落語の中には、その時分の暮らしが入っている。正月から十二月までの四季を含めて、やれ酒だ、恋だ、別れだ、出会いだ、子供だ、夫婦だ、親

〔＊2〕ジョニー・カーソンは、米国のコメディアン、俳優。一九二五～二〇〇五年。NBC「ザ・トゥナイト・ショー・スターリング・ジョニー・カーソン」の司会を三十年つとめた。

だ、喧嘩《けんか》だ、酒だ、花見だ……全部がそこに入ってる。

　そして、そのときの人情の機微《きび》。

## 人間、ほっときゃ死滅

　ちょっといきなり飛ぶんですけどね、例えば私が女房の買ってきたもの、または倅《せがれ》でもなんでもいいんですけど、それが何であるか知りたいけど、聞くのは野《や》暮《ぼ》だってものがあるじゃないですか。あるいは、女房に買ってきて渡したら、女房にすれば「あんた、何やったのォ!?」って聞きたいけど、セコいから聞けない場合がある。

　でも落語にはありとあらゆるフレーズが入ってるから、「何やったんだい、こん畜生《ちくしょう》!」と、こういったフレーズによってポーンと解決する。「どこ行くの?」も、「どこぉ、行くのぉ!?」……これ、志ん生［＊3］のフレーズなんですけどね。

　落語は、どうにも解決しにくい部分を解決してくれるというもの、すげえものなんだ。だから落語がわかるってえと、大概のときに驚かなくなる。「こんなもんだな」と。


［＊3］五代目古今亭志ん生（ここんてい・しんしょう）。本名美濃部孝蔵、一八九〇（明治23）～一九七三（昭和48）年。二代目三遊亭小円朝《こえんちょう》に入門し、金原《きんげん》亭馬生《ていばしょう》（のちの四代目古今亭志ん生）門下に。講釈師を経て柳家三語楼《さんごろう》門下に。一九三四（昭和9）年に七代目金原亭馬生を、一九三九（昭和14）年に五代目古今亭志ん生を襲名する。落語協会の四代目会長（一九五七～六三年）。十代目金原亭馬生、三代目古今亭志《し》ん朝《ちょう》の父。

もっとわかりやすいところからいくと、「常識」というものを人間は教えますね。人間は常識がないと育ちませんから、自然に適さない生物ですから、気温の十度の差でまいっちゃう。そのくせ好奇心だけありやがる。始末が悪い。これらに常識を教えるんですよ。教えないと生きられないんです。ほっときゃ死滅しちゃうんです。

動物の子供はちゃんと本能が備わってますから、覚えないでもちゃんと暮らしている。人間の場合は「子供の手の届かないところに置いてください」ってことは、子供ってのは何をするかわかんない。大人も何するかわかんねえけどね。

親が教えないですむものってのは、高座でもよく言うんですが、鼓動とか呼吸ね。小便の仕方は教えねえだろう。「ここで小便しちゃだめよ」ってのは教える。「シイ、こいこい」と言うが、それは大人が手前《てめ》ぇの都合でやらせようということですからね。

「息を吸え」って教えないよね。

「お前、学校で先生の講義がつまんないかもしれねえが、息だけは吸ってろよ。行き帰りも息だけはな」

「そうよ、息吸わなきゃ」

これ教えないよね。「息吸え」って言うときはもう駄目だよな。「お父さん息を吸って！ 息を！」ってときは、もうお父さん、おしまい。「息も絶え絶え」という言葉があるがね。

教えないものは少ないでしょう。みんな教えるでしょ？ つまり、ありとあらゆるものを教育によって成り立たせる、生かす、生きていけるようにする。もう一つは、「常識」を教えることによって集団生活が可能になるということ。今みたいに集団生活が必要なくなってくると、昔の常識がいらなくなるのはまた当然のことである。

え？ 面白くなってきた？ もっと面白くなるんだこれから。最後にチンボコ出して踊ってやるからな。

## 「常識」に対する解放

あのな、常識っていうのはどこかで無理があるんだよ。「兄弟仲良くしなさいね」って言うのは、もともと仲が悪いからなんです。「他人には親切にしないとね」は、親切にはしないんだよ。だって親切なら言う必要ねえでしょ？ 「呼吸をするんだよ」って言う必要ないわけでしょ。そんなもんなんです。

その「常識」というものは、人間のほんのわずかな部分ですよ。とりあえず生活に困らない、守らなきゃいけないという部分が「常識」です。それに対して「非常識」、これを肯定するというのがまず最初の落語のテーマなんです。〝寄席という空間でだけは言ってもいい〟と。例えば、「おじさん、親孝行ってほんとにしなきゃいけないのかね？」。

常識では、

「なに馬鹿なことを言ってやがる。当たり前じゃねえか」

「だってうちのお父さん、ひどいわよ」

「わかったわかったわかった、わかってるよ。酒は飲む、博打《ばくち》はする、金は持ってこない、ずるい。わかってるけどね、お前だって親になるんだろ？　親孝行はしとけ。悔やみのないように」


「おばさんもそう思う？」

「思うわよ。確かにあんたの言う通りお父さんはひどい。あたしもわかる。けどね、親でしょ。親孝行しなさいよ」

「はーい」


というこの意見は、世間というものをバックに言っている意見であり、おじ・おば二人の意見ではねえわな。けど、どっか面白くない。「親孝行しなきゃいけないのか」なんて平林《ひらりん》が言って……、いやこれは全然関係ない楽屋噺で、わかる人はいないけどね。

　寄席に行くとね、

「お前はなんだってえと、親を殴るってえな」

「冗談言うない、あんな小汚《こぎたね》えもの、誰が殴るかい」

「そうだ、いくらお前《め》ぇが馬鹿だからって、親に手を上げるようなことはしない」

「しないよ。蹴《け》とばすよ」

「蹴とばす?」

「あごへ決まると、飛ぶよ」

「殴るぞ、この野郎」

　と、つまり親不孝を演じることによって、今の言葉で「ガス抜き」ってものがあるけど、それで本来の人間の、押し付けられてくる「常識」に対する解放ということになってくる。一口に言うと、これが落語の根底かもしれない。私のはさらに上に入ってくるが、それは後の話だ。

　そんな中にも、ユーモアとかウィットとか駄洒落《だじゃれ》とか、いろんな方法で、今言った「常識」「非常識」の話題を突いてくる。

　それは本質であり根底であるんだけど、聴いているお客さんは、非常識を肯定するのを聴きに来ているわけじゃない。寄席のほうも笑わせることが主ですから、私みたいな、いきなり「韓国から大統領が来るってえから、どんな立派な奴かと思ったら、なんだ朝鮮人じゃねえか」なんて、アワアワアワアワ……。こういうようなことをズバッと、人間のフラストレーションを含めて、非常識なことをぶつけてくるようなことは、あまりしなかった。だから「落語は面白いもんだね」と。

私の師匠の先代小《こ》さん［＊4］は、「師匠、落語ってのは、どんなもんです？」「落語ってのは、悪い奴は出てこねえんだよ、な。泥棒でも、みんないい奴なんだ。狸《たぬき》やなんかが出てくるんだ」。

これが柳家小さんの落語の説明だ。この程度のことを演ってたんだよね。こりゃ喧嘩になる……。いや、とにかく……え？　二十分経過？　早《はえ》えねえ、おい。

面白いだろう？　俺の話。だんだん面白くなるよ。

## 落語家は気づいていない

昔は、夜は暗くて、遊ぶところもないですから、各町内に一軒くらい、いわゆる寄席というものがありますから、そこへぞろぞろ出ていっちゃあ、「アハハハ」

［＊4］五代目柳家小さん（やなぎや・こさん）。本名小林盛夫、一九一五（大正4）～二〇〇二（平成14）年。一九三三（昭和8）年四代目柳家小さんに入門。一九四七（昭和22）年九代目柳家小三治《こさんじ》を襲名し真打ちに昇進。一九五〇（昭和25）年五代目柳家小さんを襲名する。落語協会七代目会長（一九七二～九六年）。一九九五（平成7）年落語家初の重要無形文化財保持者（人間国宝）となる。六代目小さんの父、柳家花緑《かろく》の祖父。

と笑って帰ってくる。

当然、その中で庶民に対して、反権力まではいいが、非常識までを表へ出してやるとなると、やっぱり庶民は不快になる。今とは違いますからね、やっぱり親孝行しなさい、仲良くしなさい、と。

「兄弟《けいてい》に友《ゆう》に夫婦《ふうふ》相和《あいわ》し朋友《ほうゆう》相信《あいしん》じ、恭倹己《きょうけんおの》れを嚙《か》み、狂犬病と相成り、めでたく終戦を迎え、マッカーサー元帥」……全然関係ない、頭がおかしいからな。

くどいけど、仲が良くないから「仲良くしろ」と言ってる。無意識のうちに「仲良くするものである」と。

「こうやって、親子三人が一緒に暮らせるのが一番幸せだね。それもみんな、この子がいたからだね。してみると、この子は、子供というのは夫婦の鎹《かすがい》だねえ」

「やあ、あたいは鎹か。だからさっき、おっ母《か》ぁは玄能《げんのう》で殴ると言った」［＊5］

もう、わからないでしょうね。鎹というのは、春日一幸《かすがいっこう》……板と板を打って、止めるやつね。落語家のくせに説明ができねえって？　そんなことはどうでもいいんだ。

それで話はまた飛ぶけれども、私の落語は、〝いいじゃねえか〟と。「子供は子供であって、夫婦が別れたって別にいい」。これが私の意見ですけどね。それは置いておいて……。

［＊5］落語『子別れ』の一節。

言っておくが、これは原稿もなければ、何も見てねえんだ。安倍の答弁とはわけが違うからね。安倍総理、大変でござんしょうがな。

自分の演じている世界は、くどいようだけど私に言わせると「非常識」。だけどそれに気が付いた噺家は一人もいない。無意識のうちに演《や》っていたのは権太楼《ごんたろう》［＊6］という人、または「禿《は》げましておめでとう」の金語楼［＊7］。

権太楼の「番頭さん、金魚どうした？」「あたし食べませんよ」「誰が食べたっつった？」［＊8］と、こういうようなナンセンスにくる。「非常識」と言うわけにはいかないから「ナンセンス」と言うことにおいて、常識以外のものを出してこようと。また後ほどしゃべりますからね。

とにかく最終的には「芸術」、そこへ行くんです。

隠居さんが常識を教える。

「親孝行せにゃならん」

「親孝行ってのはどこに売ってんだい」

親孝行するように教えているが、実際は親不孝賛歌なんです。これに気が付いている落語家は一人もいなかった。志《し》の輔《すけ》だとかの俺の弟子は、いつもこういう話食らってるからわかるだろうけども。評論家だって一人もいない。福田和也《ふくだかずや》がやっと出てきたって感じで。

［＊6］初代柳家権太楼（やなぎや・ごんたろう）。本名北村市兵衛、一八九七（明治30）～一九五五（昭和30）年。初めは義太夫語りを目指したが、初代柳家三語楼門下になり落語家に転向。大正の末に柳家権太楼と改め、一九二七（昭和2）年同名で真打ちに昇進する

［＊7］柳家金語楼（やなぎや・きんごろう）。本名山下敬太郎、一九〇一（明治34）～一九七二（昭和47）年。二代目三遊亭金馬《きんば》に入門し金登喜《きんとき》、ついで小《こ》金馬《きんば》を名乗る。その後三代目柳家小さん門下に移って一九二〇（大正9）年柳家金三《きんざ》で真打ちに。初代柳家三語楼門下となり一九二四（大正13）年から柳家金語楼を名乗る。一九三〇（昭

『突《つ》き落《お》とし』という落語がありましてね、大勢で無銭飲食をする。吉原《よしわら》という遊びの場所で。そこの牛太郎《ぎゅうたろう》と称する若い者、今でいうジャーマネを連れてきて、こいつを隅田川《すみだがわ》へ放り込んじゃう。で、逃げちゃう。

『居残《いのこ》り（佐平次《さへいじ》）』ってのも、川島雄三《かわしまゆうぞう》が撮ったけど［＊9］、無銭飲食で逃げちゃう。こういうのが最も悪い落語だと決めつけてるんですよ。例えば安藤鶴夫《あんどうつるお》だとか、江國滋《えくにしげる》なんてのは。冗談じゃないよ。

こういうふうに露骨に見せているのは少ないかもしれないけども、落語は全編で言ってる。本当の人間を語っているんです。

話が行ったり来たりしますが、その中に常識的なことを語る人も当然いる。常識を語る落語が上手《うま》いのを「名人」と言った。もちろんそれに反する軽い噺《はなし》も上手いんですがね、……と言うけど、ズバッと言うと「常識が語れる者」を名人と言った。曰《いわ》く『子別《こわか》れ』『文七元結《ぶんしちもっとい》』、大した噺とは思わないけども『鰍沢《かじかざわ》』、『紺《こん》屋高尾《やたかお》』だとか……これらは落語ですから、そっちはわからなくていいんですが、つまり人情噺《にんじょうばなし》です。その分解はこれからしますけどね。

「口を湿さなきゃいけないと痺《しび》れ薬を飲まされているのに気が付いた。痺れるけども雪の中、倒《こ》けつ転《まろ》びつ雪を口に入れ溶かしながら、這《は》うようにして雪の中どんどんどんどん行くと、後ろからはお熊《くま》が狙《ねら》いを定めてくる。狙いを定めた、逃

和5）年日本芸術協会の設立に参画し、副会長になる。戦後は高座を離れ、映画・テレビで活躍。NHKテレビ「ジェスチャー」のレギュラーとして人気を得る。

［＊8］初代柳家権太楼の新作落語『猫と金魚』の一節。

［＊9］川島雄三監督「幕《ばく》末太陽伝《まったいようでん》」（一九五七年公開）は、落語『居残り佐平次』を題材にした映画。佐平次役はフランキー堺。

げた。前へ来るってえと、〝デェーン!〟という東海道岩淵《いわぶち》へ落ちる渓流は鰍沢の……」

と、こんなような〝こけおどし〟のもの、これがピタッとできる、もちろん軽い噺もできる。円生《えんしょう》師匠［＊10］みたいな落語家、これを「名人」と言ったんですね。

さて、それをまくらに置いて……。

## 忠臣蔵、落語なら逃げる

忠臣蔵の話。

「大石《おおいし》の山と川との合い言葉、頃は元禄十五年、極月中《ごくげつなか》の四日《よっか》の夜、打ち立つ時刻《じこく》丑三《うしみ》つの軒《のき》の棟木《むなぎ》に降り積もる雪の明かりが味方松明《たいまつ》、鎖帷子《くさりかたびら》一着なし小手脛《こてすね》当《あ》ては覚えの手の内、錣頭巾《しころずきん》な頭《こうべ》に頂《いただ》き皆一様《みないちよう》の装束《いでたち》に……」

え? 全部演るな? 損だから? そらそうだよな。向こうは金払ってんだからな、まあいいや。

「人数まとめて引き揚げば回向院《えこういん》より一つ目通り永代橋《えいたいばし》、築地《つきじ》を芝に高輪《たかなわ》まで血みどろ血まみれ血装束《ちしょうぞく》、四十余人元禄快挙《しじゅうよにんげんろくかいきょ》」

［＊10］六代目三遊亭円生（さんゆうてい・えんしょう）。本名山崎松尾、一九〇〇（明治33）～一九七九（昭和54）年。一九〇九（明治42）年、四代目　橘《たちばな》家《や》円蔵《えんぞう》に入門。一九二〇（大正9）年橘家円好《えんこう》で真打ち。三遊亭円窓《えんそう》、橘家円蔵を経て、一九四一（昭和16）年六代目三遊亭円生を襲名する。六代目落語協会会長（一九六五～七二年）。真打ち乱造に反対して一九七八（昭和53）年、五代目円楽《えんらく》、円窓ら一門と協会を脱会、落語三遊協会を設立する。

ほとんど江戸中が「よくやりました」と言って褒めた仇討《かたきう》ちの話、いまだに高輪の境内では線香の香りが絶えないと言いますね。『新鉄道唱歌』ってのが昔あってね。

♪右は高輪泉岳寺《せんがくじ》
四十七士《しじゅうしちし》の墓どころ
　雪は消えても消えのこる
名は千載《せんざい》の後《のち》までも

「えらい！　大石さんはじめ四十七人はよくやった！」……褒められたでしょうねえ。

「あれ、仇《かたき》を討った方の奥さん？　未亡人？　はぁー、やっぱり品がいいし、坊《ぼっ》ちゃんも凛々《りり》しいわねえ。ええ？　そう……お父さん、切腹の仇をお討ちになったの」

「仇をお討ちになった方のおじいさんよ」

これは栄光があったでしょう。

だけど言っとくが、浅野内匠頭《あさのたくみのかみ》の家ってのは、五万三千石だからな。社員というのかね、けっこう居たろう。四十七人じゃねえだろう。三百人くらい居たんじゃねえの？　知らねえけど。もっと居たかなぁ。

行ったのは四十七だから、行かなかった奴《やつ》がずいぶんいたわけよ。「仇討ちなんぞ流行《はや》らねえ」とか言うのもいるでしょう。そりゃあ武士の本領というのは「仇を討たねばならぬ」ってなことにはなるけど、討ちゃあ首になっちゃうし、腹ぁ切ると痛えしね。大変だよ、雪の中行って。雪の日に行くと決めたわけじゃないだろうけども。人間の本性から言ったら、行かないのが当たり前ですよ。

行った人は、拍手《こう》されたわけだ。

「あの人、討った方のご子息よ。お孫さんよ」

子々孫々。

行かなかった奴には、その反動があったろうね。

「あぁ、あの野郎行かなかった。逃げた逃げた、あん畜生《ちくしょう》、逃げやがった、あの野郎。あの馬鹿、逃げるねぇあいつは、逃げそうな面《つら》だ」

「連れてるの、女房《おっか》ぁ？　あの女房ぁじゃ逃げるだろうなぁ」

「こりゃガキか。手前《てめ》ぇの親父は逃げやがった、こん畜生。だらしのねぇガキだ、洟垂《はな》らしてやがって、この馬鹿」

と、当然考えますよね。

［＊11］赤穂事件を題材にした『元禄快挙赤穂義士伝』。講談では「赤穂義士伝」「義士伝」ともいう。

［＊12］曾我廼家十吾（そがのや・じゅうご）。喜劇役者、喜劇作家、本名西海文吾。一八九一（明治24）〜一九七四（昭和49）年。一九〇六（明治39）年に曾我廼家十郎に入門、曾我廼家文福《ぶんぷく》を名乗り、以後さまざまな劇団活動を行う。一九二八（昭和2）年に曾我廼家十吾と改名し、二代目渋谷天外《しぶやてんがい》とともに一九二八（昭和3）年に、喜劇の劇団「松竹家庭劇」を設立。一九四八（昭和23）年には天外とともに松竹新喜劇を設立した。

「表門から切り込めば油断大敵なり、上杉の付け人は、剣法名うての榊原《さかきばら》・鳥井・小林・和久《わく》・清水、浪人共の錆刀《さびがたな》と高言放《こうげんはな》って切りかかるの手も面白しと、堀部《ほりべ》・大高《おおたか》・富森《とみのもり》、中にも勇む……」

つまり講談なんだよ。「義士伝《ぎしでん》」「元禄快挙」［＊11］。正しいことは素晴らしいと。

落語は逃げちゃうんだよなぁ。これが違うんだよね。

## これぞ落語の了見

松竹新喜劇。大阪で「中座《なかざ》」、名前は残っているけど、ございません。「中座」を中心に活躍していた、私の大好きな曾我廼家十吾《そがのやじゅうご》［＊12］、「とおご」とも言います。「吾《われ》の上に十郎あり」ってんで、曾我廼家の十郎《じゅうろう》・五郎《ごろう》［＊13］が日本の喜劇を近代的に、というより昔の「俄《にわか》（芝居《しばい》）」から「喜劇」にしたわけですね。

十郎が先輩で、亡くなって五郎に。十郎の系統が十吾であり、五郎の系統が渋《しぶ》谷天外《やてんがい》［＊14］、今の天外はその子供です。

その二代目天外と十吾でこしらえていた一時期がありました。そこに若手として藤山寛美《ふじやまかんび》［＊15］がいたわけですね。

［＊13］曾我廼家十郎（そがのや・じゅうろう）。喜劇俳優、劇作家、本名大松福松、筆名和郎亭当郎。一八六九（明治2）～一九二五（大正14）年。中村時代《ときよ》と名乗った歌舞伎役者時代、中村珊之助《さんのすけ》（のちの曾我廼家五郎）と知り合い、ともに一九〇四（明治37）年に曾我廼家兄弟劇団を興す。その後五郎と袂を分かち、一九一五（大正4）年に「十郎一座」を結成、五郎の「平民劇団」とともに好評を博した。

曾我廼家五郎（そがのや・ごろう）。喜劇俳優、劇作家、本名和田久一、筆名一堺漁人。一八七七（明治10）～一九四八（昭和23）年。中村珊之助と名乗る歌舞伎役者時代にのちの曾我廼家十郎と出会う。大阪浪花座で十郎とともに曾我廼この歳《とし》だとなかなか出てこないけど、小島慶四郎《こじまけいしろう》、古いところで千葉蝶三朗《ちばちょうざぶろう》だとか、曾我廼家明蝶《そがのやめいちょう》、曾我廼家五郎八《ごろはち》、酒井光子《さかいみつこ》……あげてもキリがない。

その中にね、『銀《ぎん》のかんざし』という作があった。かんざしというから、今でいうと美容師。その昔は「髪結《かみゆ》い」といった。当時は女に職業というのはなかった。吉原での水商売くらい。体を売るのは男にはできませんからね。今、男でもあるのか知りませんけども。

髪結いは女の少ない稼業の一つですよ。ということは自分で収入がありますから、亭主を尻《しり》の下に敷くという言葉がありましたけどね。髪結いの亭主は女房《おっか》ぁに頭が上がらない。「髪結いの亭主」なんて言葉がありました。今は死語みたいなもんですが。

この『銀のかんざし』で、藤山寛美の女房が酒井光子という素晴らしい舞台女優さん。これが髪結いの女の子を大勢使って店を持ってる。

亭主が年下。自分に実力があるから食わしてもらわなくてもいい。「ツバメ」って言葉がありますよね。

仲はいいけど、私のほうが歳が上で、花の命は短い。生涯私を守ってくれるのか、居てくれるのか、伴侶《はんりょ》としていいのか……とヤキモキヤキモキしてた女房。

案の定、いなくなった。危惧《きぐ》してたことが現実に起きた。「あーあ、やっぱり

家兄弟劇を旗揚げし、自身脚本の『無筆の号外』が大ヒット。上方喜劇の基礎を確立する。一九一三（大正2）年、十郎と別れて渡欧し喜劇を学び、帰国後「平民劇団」を結成。生涯に千を超える脚本を書いた。

［＊14］二代目渋谷天外（しぶや・てんがい）。喜劇俳優、劇作家、本名渋谷《しぶたに》一雄。一九〇六（明治39）～一九八三（昭和58）年。劇団楽天会の主宰者・初代渋谷天外の子。一九二八（昭和3）年に曾我廼家十吾らと「松竹家庭劇」を結成し、一九二九（昭和4）年には渋谷天外を襲名。戦後一九四八（昭和23）年には十吾らとともに「松竹新喜劇」を設立した。

ね」と。

当然、荒れるから酒は飲む、乱暴になる。梳《す》き手という名の従業員も一人減り、二人減り、いなくなって。紆余曲折《うよきょくせつ》いろいろあり、一人になって飲んでると、ある日帰ってきて、「いろいろあったけど勘弁してくれ。俺はやっぱりお前が一番なんだ」。今の言葉で「好きなんだ」と言う。

「ああよかったね」と、二人が相抱いて、めでたしめでたし。愛が強かったってんで、幕が下がる、パチパチパチパチ（拍手）。と、こういう芝居。「ちょっと違うんだよな」と言われたことがあるんですが、「違う」って言った人のほうが合ってると思います。水原雪雄《みずはらゆきお》さんというコメディアンでしたけどね。

だけど、わかりやすい例として話すには、このほうがよろしいんです。

落語で同じテーマで『厩火事《うまやかじ》』。発音が難しい。「うま」じゃないです。「ン」を小さく書いて「ンま」。「ンめ」……「うめの花がね」と落語で言ったら、今はそういうことはないですが、「おい、よしてくんねえ」。

余談だけど、昔、石原の裕ちゃん（石原裕次郎《いしはらゆうじろう》）が「一代目、二代目、三代目、四代目とありますが」と言うから「裕ちゃん、〝初代〟と言うんだ。〝よんだいめ〟じゃない、〝よだいめ〟だ」と。このあいだテレビを見ていたら何かのときに「よんだいめ」と言っていましたね。今は「よだいめ」ってんじゃわからな

［＊15］藤山寛美（ふじやま・かんび）。喜劇俳優、本名稲垣完治。一九二九（昭和4）〜一九九〇（平成2）年。一九四一（昭和16）年「松竹家庭劇」に入団。一九四八（昭和23）年「松竹新喜劇」設立に参加。以後、新喜劇のスター役者として活躍。

いんでしょうね。

『厩火事』。これは、あるご夫婦、やっぱり女房が自分が稼いでる梳き手です。新喜劇のほうは古典落語から取ったのかな？　髪結いの女房に男がいる。亭主ですよ。さっきと同じ。いつまであたしと一緒にいてくれるのか、疑心暗鬼。そこに生まれるいろんな嫉妬《しっと》を含めたもろもろのこと、どうしようもなくなって相談に行ったとさ。で、相談された相手が「ご隠居さん」でもなんでもいい、まあ落語に出てくるのは「おじさん」でもようがす。

ご隠居さんが、「こういう話がある」と。孔子……♪格子《こうし》づくりに御神灯《ごじんと》下げて[＊16]……こんなことしてねえと持たないんだよ、カメラ相手に。

いいか？　講義なんてのはバカにしながら聞いてろよ。わかってるだろうけども。それでいいんです。嘘《うそ》を探しな。

と、そのご隠居曰《いわ》く、孔子様……♪格子戸を……また始まっちゃった。

孔子という学者、結構な馬を持ってた。大事にしてた、可愛がってた。厩へ置いておいた。孔子が出かけて帰ってきた。その留守に、家来の粗相《そそう》で火事を出してしまって、厩を丸焼けにしてしまって、馬を引っ張り出そうとしたが「名馬ほど動かず」とか。とうとう馬を焼き殺してしまった。「こういう話があるんだよ、お前」と。これ、落語ですから。


［＊16］「格子づくりに御神灯下げて……」は花柳界で唄われてきた俗曲「木遣りくずし」の一節。江戸末期に、木遣り歌を三味線用に編曲したもので、明治中期にも流行し、現代にも引き継がれている。

「そうですか。孔子ってえと幸四郎の弟子か何かでしょうねえ」

「何を聞いてんだ。昔の中国の偉い人だ」

「そうですか。へえー、毛沢東《もうたくとう》ですか？」

「何か言うんじゃないよ、お前は」

「金正日《キムジョンイル》……」

「うるさいな、まったく」


「孔子様は〝家来に怪我《けが》はなかったのか？〟と。〝あの、厩を焼いてしまって、大事にしておりました馬を殺して〟〝一同に怪我はなかったのか？〟〝はい〟〝なければそれでよし〟と、一言も小言《こごと》を言わなかった。〝偉いなぁ、やっぱりなぁ〟と言って、ますます家来は忠勤に励んだ。

それに比べて、麹町《こうじまち》にはさる旦那《だんな》がいて……」

「あら、麹町ではサルが旦那になるんですか？」

「陳平《ちんぺい》の家《うち》じゃねえんだから……サルを飼ってやがる」

なんぞっていうと出てくるね。

「お侍は陶器、この場合、お皿を大事にしていたと。骨董《こっとう》の趣味だ」

「そうですか。骨董の趣味ですね」

「わかってんのかな。ある日、その骨董の一つを粗相《そそう》で割ったときに、壺《つぼ》だか皿だか、〝壺はどうした？　大丈夫か？　皿？　皿皿皿皿皿皿皿……〟と、八十五回言ったらしい。奥さんとしては、〝あなたは、あたしよりも皿のほうが大事なんでしょうから〟と、里へ帰ってそのことをしゃべったら里が怒って、〝そういうところへ、うちの娘を置いておくわけにはいきません。去り状をいただきとうございます〟と言って、出したくもない離縁状を出した」

そのころは亭主が全部握っている時代ですから、勝手に別れられません。亭主がハンコを押さないと、どんな奴でも別れられなかった。

余談だけど、鎌倉の東慶寺《とうけいじ》に駆け込んで足掛け三年いると、縁が切れるというのがあった。「縁切り榎《えのき》」や「縁切り厠《かわや》」なんてのもある。縁切り厠に入って「ウーン」ってうなるんだ。すると縁が切れる。そりゃあね、俺のことが嫌いで、ウンコをしながら呪《のろ》ってるって言われると嫌《や》だねこりゃ。置いとけないから、それで切れるということかもしれませんがね。

「と、こういう話があるんだ。お前のところの亭主も、骨董を……」

「そうなのよ。変なもの集めてきやがってね」

「それを壊してみたらどうだい。いいこっちゃねえけど、向こうの了見《りょうけん》を試してごらんよ。そのときにお前の体を聞くか、陶器のことを聞くか。麹町のさる旦那になるか、孔子様になるかってのを判断してみなよ」

と、こういうわけだ。

「はあ、そうですか。私の体のことを聞くと思いますがね」

「聞きゃいいよ」

「ねぇ。ですからさぁ、私のことを〝聞くように〟って、すみませんが私より先に帰って、言ってくれませんか？」

「何言ってんだ、お前は。何にもならねえじゃねえか」

「そうですかねぇ。ウーン」

とにかく惚《ほ》れてるわけだからね。一遍にスッとはいかないわな。当たり前だ。

噺のまくらにこういう部分がありましてね。

「こうこうこういう奴だ」って言うと、

「そんなの別れろ、別れろ、別れちまえ」

「そんなこと言わなくたって、いいじゃないの。遅く帰ってくるったって、そんなに遅いわけじゃないし」

「おい、何しに来たの、お前」

　そういうのがあったくらい。

　で、「大丈夫かね、どうなのかね」と帰ってくる。

「どうしたい。遅《おせ》えじゃねえか」

「あんた帰ってたの？」

「帰ってたよ」

「ご飯は？」

「食べてないよ」

「外《おもて》で食べてこなかった？」

「当たり前《め》えじゃねえか、おい。朝は俺が早いし、お前はそういう仕事だから一緒に食べられねえだろ？　昼間はもちろん先で食べてる。夜だけじゃねえか、お前《め》えと飯が食えるのは」

「あ、そう」

「あるじゃないか、〝楽しさは春の桜に秋の月、夫婦仲よく三度食う飯〟って」

「あるけどさ」

「だから帰ってきたんだよ」

「あ、そう。へー。お前さん、あたしと一緒にご飯食べたいの？」

「当たり前だ。何言ってやがんだ、まったく。夫婦じゃねえか」

「あらまぁ、ちょいと。孔子様だよ」

「何だい」

「あ、そう。あ、ねぇ」

「おいおいおい、なんだい。いいんだ、いいんだ、俺がやっといたんだから。……台所行って何をしてんの、え？　何をしてんだよ。おい、よせよ、おい。よせよ、おい。それは俺が大事にしてる……そんなもの壊したりしたら……おい！」

「さっきまで孔子様だと思ったら、もう麹町のサルお殿様になっちまうんだから。ほんとに、まあ。んー、畜生」

「おい！　おおー、ああー、っと！　落としやがった。割りやがった。馬鹿野郎。どうした、怪我はねえか？　怪我はねえか？　え？」

「あたしが割っちゃった」

「そんなもんは金で買えるもんだろう。お前の体は金で買えるもんじゃないだろう？　だから心配してんだ」

涙をボロボロこぼした女房は、

「よかった。お前さん、そんなにあたしの体が心配だったの？」

「当たり前じゃねえか。お前に怪我でもされてみろ。明日から遊んでて飯が食えねえじゃねえか」

これだ、この了見。これが落語なんだ。

人によっちゃ「嫌だねえ、落語家の家《うち》ってのは。女房に怪我されると遊んで酒が飲めないだって。そこへいくと新喜劇はいいわねえ、愛し合って」と。こう考えるかどうかって問題なんだよ。

〝所詮《しょせん》夫婦なんてのは、こんなものじゃないのか〟と、共感を得るんだ。もちろん演技の上手さ下手さもありますがね。向こうは向こうで、演技が上手くて術中に入れてしまうことを含めて、「常識」の確認。「やっぱり夫婦はお互いに愛し合って……」ってなことになるわけだ。

## 「非常識」のもっと奥にあるもの

そういう「常識」によって保《たも》たれてきた落語が、今やぶっ壊れてしまって、極端に言やぁ、落語で演ってることが「常識」になっちゃった。落語家が「親孝行しなきゃいけませんね」ってなことを言うと、何のために落語家が存在しているのか、何のために落語があるのかわからなくなっちゃう。

他の噺家どもは何もわかりませんよ。あの木久蔵《きくぞう》［＊17］なんてのは何もわかりません。あいつばかりじゃないけど、代表としてあいつを言っただけですけどね。言っとかないと、あいつのためにならないもんですからね。

早く死ねこの馬鹿野郎。何ぃ？　「兄《あに》さんのほうが先でしょう」？　言いやがったね、この野郎。

でね、つまり『厩火事』と『銀のかんざし』の差、くどいようだけど、「常識」という作り物に対する「疲れる」「無理がある」等を含めて、常識でない「非常識」の部分を肯定してやる。これが落語の大半であった、あると言っていいでしょう。

八《はっ》つぁんと熊《くま》さんがいろんなこと言ってて、

「一句作ってごらんよ」

「どんなの？」

「雪なら雪でやってごらん」

「ただ雪や……」

「初雪でやれ」

［＊17］初代林家木久蔵（はやしや・きくぞう）は、のちの林家木久扇《きくおう》。二代目林家木久蔵の父。一九三七（昭和12）年〜。

「初雪や……」

「見た様にやんな」

「ほうぼうの屋根が白くなる」

「何？　〝ほうぼうの屋根が白くなる〟……当たり前じゃねえか。もっと色気をつけたらどうだい」

「初雪や　小便《しょんべん》すると黄色くボツボツ穴があく　猫のやけどによく似てる」

これよくわかんないんですけど、そう教わったんです。

私は「氷レモンによく似てる」と演る。

「お前もっと、その、〝初雪や　瓦《かわら》の鬼も薄化粧〟」……〝鬼瓦《おにがわら》〟ね。

「〝今朝も茶滓《ちゃかす》の捨てどころ〟……すっきりはっきり色を……」

「初雪や　一番目立つインド人」

「殴るぞ、この野郎」［＊18］

こういうところで、ナンセンスを含めたバカバカしいのをやってくる落語。

常識を教えさせ、覚えさせ、体験させ、教育し、そうはいかない部分、無理な部分を笑わせた。非常識。

常識がなくなって非常識みたいなものが「数の上の常識」になる。百人のうち

［＊18］落語『雑俳《ざっぱい》』の一節。

眼鏡をかけているのが六十人になったら眼鏡をかけるのが常識になんだよ。ついでに言うとゴルフなんて十五歳でやってるっていうが、そのうちもっと若くなって、七歳くらいの奴がチャンピオンになって、三歳くらいの奴がやるようになる。ゴルフってのは「十五歳は老けてるね」なんてことになっちゃう。「小学校行くまでの話ですよ。飛ばし方が大人と違いますから」と極端に言やそうなるんだよ。

「非常識」というものが当たり前になると、落語家が生きる道はないんです。だからね、非常識のもっと奥にあるもの、フロイトで「エス」と言いますか。それを非常識のところに加えてしゃべっている、ただ一人の落語家が、この立川談志なんです。もちろん落語家の中には、無意識のうちにそういうのはありましたが。

常識・非常識に対するもっと奥にあるドロドロしたもの、まったく自分でもまとまらない、気が付かない、感じないもの。それらが今どんどん出てきてグロテスクな犯罪になってる。グロテスクな犯罪を見て「嫌ぁね」ってのは嘘だ。あれ見て、「嫌ぁね」と言わざるを得ない。まだそこには、常識が残ってますから。「やったやった」って俺みたいに言うわけにはいかないでしょう。「やってくれたね。母親の首をちょん切って警察に届けたって。偉いね。手首を活けたって？

古流《こりゅう》で活けたのかね、池坊《いけのぼう》で活けたのかね？　なに、草月流《そうげつ》だ？」

　これ非常識、とっても大事なんです。そこまで私は言っているんです。そういう落語家というのはいない。もちろん、こういう落語家であるということを承知をしている落語家はいる。俺の弟子たちです。志《し》の輔《すけ》とか志《し》らくとか談春《だんしゅん》とか。

## 芸人のルーツ

　まとめますとね、まとめるってのはまあそっちでまとめりゃいいんだけども、落語というのは、「形式」的には、座ってしゃべってる。八つぁんが出てきたり、熊さんが出てきたり。江戸の四季が、行事が全部入ってる。加えて旅もあるし、または動物の世界もある。それこそ火事が舞台になり、泥酔した奴が舞台になり、試し斬りが舞台になったり、商店なら商店、豆屋、棚屋、ざる屋、うなぎ屋、うどん屋、俥屋《くるまや》、なかには首屋なんて首を売ったりするすごいのもあったり、全部入ってる。

　これらは「形式」で、「内容」は何だと言うと、常識に対する非常識の部分を肯定してやる。「常識という無理なこと」に対するガス抜きというのか、それを寄席という一つの場所で、ここなら許されている。

ではそこで演じる人間はどんな者かというと、例えば団体生活に合わないのがいる。こんな例ではどうか。田植えというのは、刈り入れもそうだが、猫の手も借りたい。ニャンコの手まで借りたいってんだから、人間の手は当然借りたいわね。だけど、その農家に道楽者のガキがいたとするか。

「ちょいと、田植え」

「冗談言っちゃいけねえ。あんなドロドロして、手ぇ動かして。やらないよ、君。あんなもの」

「何だ、〝君〟とは。親に向かって」

「お前んとこの倅《せがれ》、何で田植えに来ないの？　去年の刈り入れにも来なかったぞ」

「はい」

「〝はい〟じゃないよ。困るじゃないか」

「へえ」

「〝へえ〟じゃないよ。連れてきな。連れてこんかったら、お前は村八分だ」

村八分にしないと村の秩序が保たれない。今はあまりないでしょ。「マンションの恥」なんてないでしょ、「企業の恥」だってほとんどないでしょ。いくらかあるのか。

「おい、こう言われたからな、お前、田植えに来い」

「行かない」

「行かないと村八分になっちまうんだ、俺は」

「だったら俺が出て行きゃあ、いいじゃねえか。上等だよ」

とにかく行かない。「田植えなんぞ嫌だ」と言って、なんぞってえと博打《ばくち》やってみたり、刃物抜いて振り回したりやってる奴がな、ヤクザになっちゃうんだ。治外法権のところへ行く。ヤクザなりに協力はし合う。

これで、勘弁できますよね。

「そういうわけでね、あたしは勘当しましたから」

「勘当したならしょうがねえなぁ、まあいいや」

と、親はその村の仲間に入れますよね。

今度は同じだけど、ケースが違う奴がいる。俺みたいな奴だ。

「冗談じゃねえ。汚れるの嫌だ」ってね、女の話だとか芝居の話ばっかりしてる。これも田植えや刈り入れに出てこない。

同じように、「あれを置いとくようじゃ、村八分にしますよ」と言われて困る。息子は同じ台詞《せりふ》を返すわけです。

「冗談言っちゃいけねえ、居られませんよ」ってんで出てっちゃって、これが芸人になるんだよ。

　だから硬派と軟派とでもいうか、ヤクザと芸人は出が同じなんです。了見が同じ。ヤクザと付き合ってどうのこうの、芸能人がヤクザのパーティに出てどうのこうの、って言うけどね。ヤクザと付き合って犯罪に加担しちゃいかんですよ。けどねえ、無理な話なんだよ。俺は一回もパーティに出たことはないよ。こういう論を持ってるから、向こうがやばいと思って出さないんだろうな。俺はヤクザから金をもらったこともないし……言い訳することはないけどね、変な堅気よりよっぽどものがわかるよ。裏を知ってやがるしね。やばいことをやってるわけですからね。

　そういうことを含めて、落語家は治外法権とでもいうか、そういうところから出てくる発想、それを作品というものに載せて、非常識なものを語る。でも、聴きに来ているお客さんたちは、夜の娯楽として求めてくる場合は、あまり好きな言葉じゃないが「健康な噺」、常識を鼓舞するような、「親を大事にしなさいよ」とか「老人看護はあそこに任せてはいけません」……いやいや、そういうことを言う部分があった。そのほうが多かった。当たり前だ。

　いくら密閉された、そこだけの場所とはいいながら、やっぱり常識を主にして、非常識はそこに入れてって、聞く人ぞ聞いてわかっていたということなんだ。

それが、世の中の常識のほうがなくなった。そうなってきたのが、「今日の落語」の前の状況であると。歴史は、いずれ話しますがね。

一口に言ってしまえば「常識に対する非常識のすすめ」。「すすめ」じゃなくて「肯定」とでも言ったほうがいいかな。「常識に対する非常識の肯定」とでもいうべきところじゃないですかな。

大体話はこんなところだけど、まだ時間がちょっとあるから、サービスしてやろうか。

**オー！　トルコパチョヨチョ！**

レストランに来る客が食前酒を飲みます。ボーイに、「グラスをもう一つ」。酒を二つのグラスについで、交互に飲んでる。毎日やってると、あるときそのボーイさんが「お客さんは二つのグラスにおつぎになって、代わる代わる飲んでいらっしゃいますが、何かわけがあるんでしょうか？　いえ差し障りがあるなら……」。

「いやいや差し障りなんぞないよ。よく聞いてくれたなぁ。うれしいなぁ。実はね、僕の親友、本当に心から話し合えたよき友が、遠いところに行っちゃったんだ。いや、死ということではない。もう、とても会えないだろうと。酒が好きな彼だから、今時分きっと僕のことを思い出しながら飲んでるんじゃないかと思ってね。僕も彼のことを思って、つまり彼と一緒に、親友と一緒に飲んでるってことなんだよ」

「ほー、美しい話ですね」

「照れるな、君」

で、ある日から、グラスは「一つでいい」と言うんだ。翌日も「一つ」「一つ」「一つ」、気になるわな。

「お客さんですよね、いつもグラスを二つとって、〝なぜか〟と私が聞いたときに、ご親友がいて、いつも二人で一緒に飲んでいたけれど、遠い国へ行ってしまって会えない、それでお互いをしのんでこの時間に一緒に飲んでいると……」

「そうそうそう、よく覚えていてくれて、うれしいな。そういうことなんだ」

「それが、ここのところずっと一つになってしまったのは、失礼ですが、お友達の方にご不幸があったとか、怪我なさったとか、病気になったとか、そういうわけが……？」

「え？　ああ、違う違う。俺が禁酒しただけなんだよ」

♪チャカラッチャン、チャカラッチャン、チャカラッチャンチャンチャンチャンチャーン、チャーンカラッチャン、チャチャチャチャチャチャン、パッ！

こういう講義が大学にあったら面白えだろうなあ。そう思うよ。これ、ちゃんとした話をしてるよな。そう思わない？　思わないなら、思わないで、しょうがねえけどな。

じゃあ、この次は何の話をするか。シュヴァイツァーの話でもするか。それともナメクジの一生って話をするか……。え？　差し障る部分があってカットしなきゃいけないから、もう少ししゃべってくれ？　吉村作治の悪口を延々と言おうか？「それはいけません、立派な人ですから」？　あ、恐れ入りました。

ジョークというのは、みな古いんですよ。古いものをいかにして新しく聞かせるかというだけです。

あるところの王様が、ある国に招待された。豪華な晩餐《ばんさん》会があって、美しき女性と踊り、酔いが回り、言葉は通じないが、恋の思惑《おもわく》に国籍なぞあるものか、意気投合して、二人きりの部屋に送り込まれて、さて……ってことになって始まったとさ。

彼女、感極まって「オー！　トルコパチョチョ」。吉村教授、これエジプト語にありますかね？　ねえだろうな。

「オー！　トルコパチョチョ！　トルコパチョチョ！　トルコパチョチョ」

なんだかわかんないけど、王様も一緒になって「トルコパチョチョ！　トルコパチョチョ！」ってなこと言ってたらしいや。

夜が明けると、バッグをひったくると、挨拶《あいさつ》もしないで彼女は帰っちゃった。

「何かあったのかな」と。王様のこった、それきり忘れてね。

その日はゴルフの招待。王様が自慢のクラブを一閃《いっせん》すると、スポーンと飛んでね。王様が狙ったホールの先に、どういうわけだか一つ穴が開いてたんだね。そっちの穴のほうへ、スポーンと入っちゃった。見ていた連中、一斉に「オー！　トルコパチョチョ！」……舌噛んじゃった。

こういうところ見てるのも、面白いだろ？　「オー！　トルコパチョチョ！」って言ったら、舌噛んじゃった。そういうこと。

もういいや。俺も小便したくなったから、今日はこの辺で。終わりっ！

第二回

# 落語の誕生

## 平安朝？　ホントかね

こんちは。立川談志です。

志を炎のように語る。志の「士」は、武士の士かね。

今日は「落語の誕生について講義してくれ」ってんだけどね。

毎度言う、我々はある地位へくると、「師匠」と言われる。時々「先生」なんて言われてね。「おい、先生」「おう」「下駄《げた》取ってくんねえか」なんて、そういう先生もいるっていうけど。まだ生きてる。

「師匠」というのは、「匠《たくみ》」なんだな。我々は職人なのか。少なくも私は、職人だとは思っていないけどね、技術を売るところは職人的なものなのかね。


例えば演技で舟なんか漕《こ》ぐでしょ。

♪ええー……なんてね（船を漕ぎながら）。

♪淀《よど》の上手《かみて》のナー　あの水車《みずぐるま》ヨー［＊19］

「え？　ゆっくり食わせろよ、お前」

「なんか変なもの入ってやがる……ペッ」


［＊19］落語『三十石《さんじっこく》』の中で唄われる「淀川《よどがわ》三十石船舟唄」。江戸から明治にかけて船頭によって唄われてきた。

……あっ、ボールペンのふた付けずにやっちゃった（ボールペンを扇子代わりにして、そばを食べる仕草）。

これを技術というならば、一つの職人、師匠かもしれませんがね。

「先生」と言われるのが好きな人がいる。落語家でだよ。俺は「師匠」のほうが好きなんだけど。国会行ったときには「松岡先生」って言われたね。危なく首くるところだったけどね。

さぁ、歴史だ。

「歴史を知らないと物事がダメである」という意見がある。例えば今、日本がこうやって浮かれてる。〝浮かれてる〟というのは、衣食住の確立、経済。経済に満足してるから、他にすることがねえから浮かれてる。

その前は貧しかった。戦争中、（日本の資産・資源を）全部と言っていいほど使って、弾《たま》を作ったり、船を作ったり飛行機を作ったりしてた。「欲しがりません、勝つまでは」なんつって、敗《ま》けちゃった。ねぇ……。

その前だってそんな豊かじゃないですよ。世界的にGNPは低かったろう。

そういうものを把握したうえで、今日または未来が成り立つんだ、と言う人がいますね。いかにして戦争へ入ったのか、なぜ敗けたのか。また戦争に行く前の戦いもあったでしょう。つまり第二次世界大戦の前には、一次は大したこたぁないけどね、日露戦争の日清戦争の、高田馬場《たかだのばば》の……って、こりゃ違うか、とにかくいろいろあった。

そういうのを全部把握していかないと、人間が生きる道、例えばこの場合、私の場合は落語というものは把握できない、また把握しても薄くなる、本質がつかめないだろう、というようなことを言うんだがねえ。

一つには、〝所詮《しょせん》人間てのはそういうことをしねえ〟。酷《ひど》い目にあっても、すぐ忘れちゃう。「喉《のど》もと過ぎれば熱さを忘れる」ということだ。

声の調子が悪くってごめんネ。え？ 退屈する？ 一つ小噺《こばなし》でも演《や》ってやろうか？

おいちょっと水持って来い。ちょっと水飲むからね。そっちも何か飲みなよ、手銭で。ウーロン茶なんか飲むんじゃないよ。中国から来るなんてなぁろくなもんじゃないんだ。承知で飲んでんならいいけどね。

とにかくすごいよ、あっちのほうは。衛生の度合いというか。まあまあ、いいや。だって、こっちだってさんざっぱらアンタ、人糞《じんぷん》を撒《ま》いたもので食ってたんだからね。なんか、生意気になりやがった気がする。まあ、こっちに置いておいて。

え？　ジョーク？　あ、そう。

就職の斡旋所《あっせんじょ》っていうのかね、昔はこれを「口入れ屋《くちいれや》」といった。そこで、

「あのぉ、あたし子供が十四人いるんですけど」

「他にできる仕事は？」

芸能斡旋所で、

「仕事ありませんかね？」

「あるよ。ないことはないな。何ができんだい」

「鳥の真似《まね》ができるんですよ」

「他には？」

「え？　鳥の真似ですよ。上手《うま》いですよ」

「いくら〝上手い〟ったって、鳥の真似の他に何かできないの？　いろんな動物とか何とか。あ、鳥だけ？　そりゃ駄目だ、そりゃ。駄目ですよ」

「そうですか。それでは、他のプロダクションへ……」

「他のプロダクション行ったたって、鳥の真似だけじゃ使わないよ」

「そうですか。どうもありがとうございます」

こいつが窓を開けると、飛んでっちゃった……って噺があるんだけどね。

いい噺だけどな、拍手が聞こえないのは苦しいね。自分でやるか。パチパチパチ（拍手）。


さて、落語の歴史。というから古いよ。古いことを言うのが歴史。そこへ行くと、歴史ったたって吉村教授のやってるエジプトあたりの連中は楽だったろうね。アダムとイブなんぞ、歴史なんぞ昨日のことだけでいいんだから。一週間くらいで済んじゃうんだからね。そうでしょう？　違うかね。歴史なんてのは古い時代の奴《やつ》ほど楽だよね。後へ来るほど大変だよな。まあこれはこっちへ置いといて。

俺は講師である。公私ともに多忙である。

落語の歴史は、日本が誕生してからであることは確かなんだ。それでね、実を言うと落語の歴史なんて、楽屋でも舞台・高座でも、落語家は誰も言う奴なんざぁいないんだよ。

私の聞いた範疇《はんちゅう》によるとね、平安朝だって。ホントかねぇ。「証拠があるのか」って聞いたらね、我々がしゃべるところを「高座」って言いますよね、あれを「たかみくら」って読むんだって。お公家さんじゃないと座れないところなんです。「お公家さんが座ってたから平安朝時代だろう」って。

いいねぇ、これだけものが楽になると。吉村さんだって同《お》んなじだい。「これは何億年前のものである」と言うが、考古学なんてのは、強情な奴が勝つもんだ。まあこっちへ置いときまして。

「あー、家来の者ども」
「はっ」
「あー、噺をするぞ」
「はっ」
「そこに山があったと思え」
「はっ」
「川があったと思え」
「はっ」
「〝山川白酒《やまかわしろざけ》〟とはどうだ」
「はっ」
「面白ければ次へ下がって、大いに笑え」
「ハハァのハー」

これ、なんだかわかんないの。山川白酒。そういうのがあったのかね？

駄洒落《だじゃれ》になってるんだけど、もとはわからないが、こういうのが残ってることは確かなんですね。

## 「笑い」とは何か

「落語の誕生」というのは、落語家の誕生のこと、または落語というものの誕生のことですよね。

落語というのは、ジョークの短いものから始まったんだから、どこかにあったんでしょう。

了見《りょうけん》からいえば、会話を的確にやるとか、つまり上手いことを言うウィット。

「談志さん、きれい好きなのね」

「そう、だから君を連れているだろ」

こういうのをウィットと言うんだよ。

それからナンセンス。センスをずらすというか、バカバカしいもの。そしてユーモア。

「笑い」とは何か。ベルムゾン……ベルイゾン……ベルクソン……ベルベット……ベルベル……、彼の言うのにはですな、「人間以下」が笑いだって言うんですな［＊20］。普通に歩けばいいのを転がったりなんかすると、「あ、人間以下だ」と優越感の笑い。今はあまりないけど、昔よくあったのはバナナの皮に乗ってスルッと滑ったり。

だけど言っとくけど、滑って「痛《い》て」くらいならいいが、頭が割れたの手が折れたのしたら、笑ってらんないよ。

高橋義孝《たかはしよしたか》さん（ドイツ文学者、評論家）という九大の先生は、「超自我の破壊」と言うんだ。自我……自分の中にあるもの、抑えている自我、自分の我、それが「いいよ」ってなもんだ。「いいよ、ぶん殴っちゃえよ。飛び込んじゃえよ。殺しちゃえよ。ひっくり返っちゃえよ」ってなもんで、〝それがユーモアだ〟と定義付けてましたけどね。

岸田秀《きしだしゅう》さん（心理学者、思想家）……衆参両院《しゅうさん》、関係ねえか。秀さんは、「余剰エネルギーの放出だ」って言うんだよな。立派な先生だと思ってしゃべってたら、一発ブーッと屁《へ》をこいたと。〝なんだよ、ハッハッハ〟……こういうもんだと、本に書いてある。そう受け取った。

だけど、ふと考えたんですよ。

［＊20］ベルクソン（Henri Bergson）はフランスの哲学者。一八五九〜一九四一年。

例えば小部隊で戦ってる……『プラトーン』、いい映画でしたね……、そこへ、はるかに数が多い大軍が向こうから来たと。さあ、こっちは〝どうしよう〟。見つかったら戦わなきゃならない。戦っても勝てない。どうしたらいいのか。それはもう、緊張の極致でしょう。それで、向こうが気が付かないでスーッと通ってっちゃったりするよね。と、「余剰エネルギーの放出」で笑うかね？　笑わねえだろう。「馬鹿野郎、気が付かねえで。ハッハッハ」って言わねえだろう。「はぁー」と、こうなりましょう。

「だから余剰エネルギーの放出じゃないでしょう」って、本人に言ったんだ。

「そうか、じゃあまた考えよう」なんて、秀さん言ってましたけどね。

そこいくと、枝雀《しじゃく》［＊21］ね。あれが学生服着て先生と一緒に連れられてきたか、連れてきたか、大阪の梅田の松竹で私の漫談を聴いていたのが本当に昨日今日のように思われますね。早いもんです。亡くなってもうずいぶん経《た》つでしょう。

彼は「緊張と緩和」と言っているんですよね。それしか聞いていないんです。話をすると逃げちゃうんだ、あいつ。米朝《べいちょう》［＊22］さんという枝雀の師匠は、「あんたと一番、しゃべりたがってたんだよな」なんて言ってましたけどね。

［＊21］二代目桂枝雀（かつら・しじゃく）。本名前田達、一九三九（昭和14）～一九九九（平成11）年。一九六一（昭和36）年三代目桂米朝に入門、小米《こよね》を名乗る。一九七三（昭和48）年、二代目桂枝雀を襲名する。

［＊22］三代目桂米朝（かつら・べいちょう）。本名中川清、一九二五（大正14）～二〇一五（平成27）年。一九四七（昭和22）年、四代目桂米団治《よねだんじ》に入

枝雀が言うのには、「緊張と緩和」。言われてみるとそうなんだよね。しゃべっているのを聴くことによって笑う場合もありゃ、名前を出すだけで笑う場合もある。笑いを呼ぶ芸人だと、古いところだと金語楼《きんごろう》だとか、三平《さんぺい》［＊23］さんだとか、俺でもいいよ。下手すりゃ「談志」って出しただけで「ワァーーーーー」。

赤ん坊は笑うでしょ。意味もわかんないのに。裸にしてへそをプゥーッって吹くと〝アッハッハ〟。

人間てのは、無意識のうちに緊張してる。動物は緊張してるように見えてるけど、緊張という意識で動いてるわけじゃない。自然に自分の本能のままで動いてる。逃げてるときも別に緊張してるわけじゃないよ。ただ逃げてんだよ、ただ止まるだけだよ。

人間みたいに（後ろを見て）〝ワァー〟って逃げる、そういうんじゃないんだ。人間は常に「何かあるな」と緊張してるんです。それを、名前を聞くだけで〝ファッ〟となる。ジョークを聞いて〝ワッ〟となる。そこに「笑い」というものが出る。つまり緊張と緩和。

門、三代目米朝を名乗る。落語評論家を志したのち、落語家に。戦後の上方落語の復興に力を尽くし、「上方落語中興の祖」と言われる。人間国宝。

［＊23］初代林家三平（はやしや・さんぺい）。本名海老名栄三郎（のち泰一郎）、一九二五（大正14）〜一九八〇（昭和55）年。一九四七（昭和22）年父である七代目林家正蔵《しょうぞう》に入門、甘蔵を名乗る（のちに三平）。正蔵没後は四代目月《つき》の家《や》円鏡《えんきょう》（のちの七代目橘《たちばな》家《や》円蔵《えんぞう》）門下に移る。一九五八（昭和33）年真打ちに昇進する。二つ目時代からテレビに出演し人気となる。九代目林家正蔵と二代目林家三平の父。

## 落語家の元祖

基本的に、落語は緊張と緩和、つまり「笑い」。で、その笑いは歴史としてどこから来たのか。

どの辺から来たのかね。原人《げんじん》のころかね？　エテ公みたいな格好した、あのころからやったのかね。棒を担いでて、ゴーンなんて当たると「ウガガガガ」なんて言ったのかね。わからないですよ。

天照大神《あまてらすおおみかみ》は笑ったろうなぁ。天鈿女命《あめのうずめのみこと》とかさ、須佐之男命《すさのおのみこと》とか。彼らも笑ったと思うよ。

人間の形をしたときから笑いはある。その笑いが〝笑わせよう〟という目的で職業的に演《や》る。

とぎれとぎれの記憶だけど、例えば徳川時代までいた「御伽衆《おとぎしゅう》」、つまり〝ヨイショ〟。『リア王』のピエロとはちょっと違う。あれはどっちかっていうと、本質を言うんだよね。

「そんなこと言ったってねぇ、自分の心が痛むだけだ」

蹴《け》っ飛ばされて、

「蹴ったって駄目だよ。ますます怒りが激しくなるだけで、解決にならないよ」

てなことを、本質をついて言うようなピエロとは違って、〝ヨイショ〟。曾呂利新左衛門《そろりしんざえもん》［＊24］、死ぬときに何と言ったか。太閤秀吉《たいこうひでよし》、猿面冠者《さるめんかんじゃ》［＊25］に、

「御威光《ごいこう》で三千世界《さんぜんせかい》が手に入らば」……全世界ですね、「極楽浄土《ごくらくじょうど》は我に賜《たま》われ」なんという〝ヨイショ〟をして死んでってんだよ。

逸話はいろいろありますよね。

和歌に凝って、細川幽斎《ほそかわゆうさい》［＊26］なんぞを呼んで、細川護熙《もりひろ》のおじいさん、まあ、いいや。で、そのへんにいた連中に「大きな歌を作れ」。加藤清正《かとうきよまさ》だとか、福島正則《ふくしままさのり》だとか、丹下左膳《たんげさぜん》だとか、丁目の半次《ちょうのめはんじ》とか、荒木又右衛門《あらきまたえもん》とか、広瀬《ひろせ》中佐《ちゅうさ》とか、そこにいろいろ居た。

平和になっちゃったもんだから、秀吉を中心に大名どもが集まって、

「できたぁー！」

「言ってみろ」

「富士山を庭に移して朝な夕な　我が引く弓の的にせんかな」

「大きいなぁ」

「大きいぞぉ！」

「はい、座布団《ざぶとん》一枚」

［＊24］曾呂利新左衛門（そろり・しんざえもん）。豊臣秀吉の臣で、御伽衆《おとぎしゅう》であったとされる。生没年不詳。大坂・堺の人で、本業は鞘師。和歌・狂歌・茶の湯などに通じ、頓知《とんち》に富んでいたとされるが、実在の人物かどうかは不明。

［＊25］猿面冠者は、顔が猿に似た若者のことで、豊臣秀吉の若いときのあだ名でもある。

［＊26］細川幽斎（ほそかわ・ゆうさい）。安土桃山時代の武将・歌人、一五三四（天文3）～一六一〇（慶長15）年。室町幕府十二代将軍足利義晴の子という説もある。足利家、織田信長、豊臣秀吉、徳川家康に仕える。「近世歌学の祖」といわれる。

いや、とにかく……あれ（演芸番組「笑点」の大喜利《おおぎり》）、俺が最初にやったんだよ。牢屋の法則だよ。牢名主《ろうなぬし》ってのは、座布団を積んでるじゃない。あれあれ、ろくなもんじゃない。


それでね、「じゃ次は何だ」。

「日《ひ》の本《もと》に根を張ったる梅の木や　天地に響く鶯《うぐいす》の声」

「大きいねぇ」

「大きいですなぁ」

日の本、つまり日本に根を張った梅の木だ。

ってなことをやってたら、細川幽斎が、

「天と地を団子《だんご》に丸めて手にのせて　ぐっと飲めども喉にさわらず」

すごいね。天と地、宇宙よ。

今度、最後に曾呂利が出てくるんだ。

「天と地を」

「それはやったぞ」

「いや、〝天と地をぐっと丸めて飲む人を　鼻毛の先で吹き飛ばしけり〟」

これ、ちょいと乗っただけだがね、そういうことをして遊んでた。

逆に、〝小さいこと〟を言うと、

「蚊のこぼす涙の中の浮《う》き城《しろ》に」……〝水の城〟にね。

「船を浮かべて……」どうのこうの、とか。

「瓢簞《ひょうたん》をくり抜きくり抜き堂建てて　孫と孫とに学問を……」

つまりそんなことを言って殿様を喜ばせたのが落語の元祖である、ということも言われているんだ。

曾呂利新左衛門は、もともとこれは大坂・堺《さかい》の鞘師《さやし》だな。新左衛門の鞘は刀が「そろり」と、スッと抜けたんで、曾呂利新左衛門。これが面白いことを言ったので、「そろりそろりとのぼる伽役《とぎやく》」ってなことを太閤に認められた。これなのか。

## 築地と豊洲、文化と文明

やがて日本が平和になる、徳川が統一しますわな。鎖国ですからね、外国と行き来がない。オランダだとか、自分が好きなのだけ仲間にしたということでしょ？　グァム島とかね。

そうすると外国から入ってこない。それを真似《まね》して、いろんな日本流のものを作る、いわゆる「文明」が出る余地が少なかったんですね。

ちなみに文明ってのは「最先端」。より多く、より早く、よりスイートに。切符がスッと出るのを、一秒の何分の一まで縮めてみよう、とかね。牛肉の中に鳥や豚や蚊取り線香……そんなのは入ってねえだろうけど、とにかくまあ、そういうこと。医学でも、工学でも、化学でも。

で、残されたものがあるわな。「願いましては」の算盤《そろばん》なんていうのは古くなって、それでもやってる人がいます。便利というより、あれが好きだという人がいるんですね。それが「文化」です。

落語は「文化」なんだよ。で、これ（インターネット上の講義）をやってる方法は「文明」なんだよ。だから自分のやってる行為とか、見た場面など、〝これは、文化なのか文明なのか〟と考えてみたらいい。

ちなみに余談だけど、目をパチパチしている知事がいるな、俺の友達の。で、東京の魚河岸《かし》、中央市場、彼があれを豊洲《とよす》へ移すと言って、築地《つきじ》は汚いから、どうのこうの……これね、文化・文明で考えなきゃいけないんですよ。

確かに築地は汚いって言い方もできるけど、汚かったら清潔にすりゃいいいんだ。きれいに流したり、区画をちょっと広げてみたり。

　でも、あそこでぶつかりながら、

「何してやがんだ、おい」

「お、いけねえ、いけねえ、いけねえ」

「あたたたたた」

「あいっ」

という、あれが「文化」なんだよ。〝文明は、文化を守る義務がある〟んだよ。

便利、便利なんつった日にゃ、しまいに俺なんぞは、「おい、ここに〝いろはにほへと〟全部入れとくから、あとでこれ上手に組み合わせて落語にしといてくれ」ってことになるよ。「マイド　アリガトウ　ゴザイマシタ　マタゼヒドウゾ」、それに近いんだ、文明は。

　話を戻すと、文化しか発揮できない時代があった。すべてとは言わない。もちろんお江戸の中で、算盤をもうちょっと便利にしようとか、包丁を……でもやっぱり嫌がられたろう。伝統のほうは、

「お前《め》ぇ、そんなものを今さら持ってきやがって。どれほど楽になるんじゃあるめえし、包丁は手前《てめ》ぇで研いだらどうだい」とか、きっと言われたと思うよ。

「そんなに便利にして、手前ぇ、何になるんだい」

無意識に、文化を大事にしていたんです。

## 〝想像する文化〟の誕生

文化の中に当然、小説だとか、詩歌、和歌、俳諧《はいかい》、いろいろ入りますね。それらを遊んでた、または作ってた。西鶴《さいかく》の矢数俳諧《やかずはいかい》なんて、一晩に何万とか作るようになるんでしょ？

どんどん作って、〝これが小説になるんだ〟って意見があるんだけどね。暉峻《てるおか》先生が言ったのかなぁ。まあいいや、こっちへ置いといて。

仲間内で〝面白い話をしようじゃないか〟と。もっとキザに言うと、「知性」というのかな、この場合の知性というのは「物知り」ということです。もちろん分解もあるだろうけど、物知り、つまり古今集だとか、昔の和歌集、〝若い衆〟じゃないですよ、和歌集。『古今和歌集』、勅撰《ちょくせん》和歌集、吉原の若い衆、いろいろあって、そういうのからパロってくる。または昔のことを川柳にしてパロる。

集まって、おそらく、暇つぶしも兼ねてやってたというのは、容易に想像できますな。集まって、

「じゃあ、ひとついきますか。何かありますか？　面白い句は何かあります

か？」

てなことを言う。で、狂歌、狂句、いろいろ出てきますよね。

上手いのがありますな。

「金玉をつかめつかめと長田下知《おさだげじ》」

源 義朝《みなもとのよしとも》が平治《へいじ》の乱で敗《ま》けて、逃げてきた。それで元の自分の家来の長田忠致《おさだただむね》のところへ泊めてもらう。長田はこれを匿《かくま》っておいて、夜、義朝を風呂《ふろ》に入れてそこで闇討《やみう》ちし、〝向こう側〟に。〝向こう〟のほうが強いからって、義朝を裏切るんですね。そのときの風景を頭に浮かべて詠む。風呂場だから裸、「金玉をつかめつかめと長田下知」と、こうなるんだ。粋《いき》なもんだね。そういう昔の句。

「百夜目《ももよめ》は小町素股《こまちすまた》でさせる気か」

百夜は、百《ひゃく》ん日《ち》ね。百の夜。つまり深草少将《ふかくさのしょうしょう》に向かって、「誠があるならば、わらわの元へ百日通ってくれ。そうすれば百日目には良しと認めて、あなたに体を任せます」と、こう言ったんだね。

男は雨の日も風の日も通って、とうとう九十九夜目《くじゅうくよ》に、あと一晩というところで大雪のためにお果てなされた。「少将不覚だ」って話もあるしね。

落語の場合は、〝ずっと通ってたのが偽物《にせもの》で、百ん日目に当人が行くつもりだった〟って話もあるんだけどね、そういうジョークにするわけ［＊27］。

　だけどこの句からいくと、百日通えばあなたの自由になりますよ。体を……わかりやすく言やぁ「やらせますよ」っつってんだよ。九十九夜目に死んだからいいようなものの、死なないで百日目に来たらどうするんだよ。体を与えなきゃならない、やらなきゃならない。けれど小野小町《おののこまち》は昔から「穴なし小町」と言われてるんだよ。

　そんな大きな声にしなくたっていいけど。穴がねえで、どうやってやらせるんだっての。そうすると「百夜目」、百日目は素股で、脚の間にボコチンを挟んで……いやぁ……わーーーーーい！　これ講師かね。まあいいや、公私多忙。

　とにかく、「百夜目は小町素股でさせる気か」という想像をする文化が誕生する。こういう俗なものじゃなくて、ちと崇高《すうこう》なものもあるけどね。崇高なものなんて、聴いたってしょうがねえだろ？

**レジスタンスな小噺**

　そういうふうに集まってきて、やる。反社会的なこともやるよね。これ誰かな？

［＊27］小野小町の「百夜《ももよ》通《がよ》い」の伝説をもとにした落語『百夜通い』は、談志の師匠五代目柳家小さんも演じている。

「世の中に蚊ほど（これほど）うるさきものはなし。文武文武と夜も眠れず」
または「文武というて夜も寝られず」、これ誰だったかな？　石川啄木《いしかわたくぼく》か？
江戸川乱歩《えどがわらんぽ》か？　手塚治虫《てづかおさむ》かもしれない。
これを言った者は罰せられたんだろうな。手鎖《てぐさり》みたいなものになるんだから
ね。だけどやっぱりこの〝風刺の精神〟というのは、どこにでもある。
例えば、言論の統制がなかった時分のロシア。ソビエトですね。ソビエトに東
欧ジョークまたはロシアンジョークというのがある。〝ある〟ったって西側が作
って、それを陰で読んで、〝やんや〟とソビエトの国民は喜んだわけです。根本
には、物資がない、言論の自由がないということがある。

ポーランドの犬とチェコの犬が国境で会ったっていうんだね。
「どこ行くんだい」と言うと、
ポーランドの犬のほうは、
「チェコのほうがいくらか食い物があるからな」
「ピルゼン」なんていうビールがあったり、チェコ製の機関銃ね。けっこうな工
業国、それで農業国。
「チェコの犬よ、ポーランドなんか行ったって何もねえじゃねえか」

「でも、いくらか大きな声で吠《ほ》えられるからな」

こういう、ポーランドのレジスタンス。『地下水道』なんて映画に残ってますけど、そういうところから来る。


選挙へ行く。

「投票用紙をください」

「はい」

「いやそれじゃなくて、そっちの」

「え？」

「いやそうじゃないよ、そうじゃないよ、向こうの、その上から三枚目の……」

「何だキミ、そんなもの同《お》んなじじゃないですか」

「だってこのぐらいのことをしないと、選んだって気がしませんものでね」

こういう皮肉をやってくるわけです。


言論の不自由。

「ソビエトにはアメリカと同じように、言論の自由はちゃんとあるんだ。ただアメリカと違うのは、アメリカには言論の自由を言った後の自由がある」

と、こういうのを作るんですよ。粋《いき》なもんでしょ？

〝ものがない〟というもの。

宇宙飛行士のところへ西側の記者が行くと、子供が出てきて「パパもママも居ない」って言うんだよ。

「どこ行ったの？」

「パパは宇宙に行ったからそのうち帰ってくるけど、ママは買い物だから当分帰らない」

これを我々が聞くと、女性は購買欲が強いとされてるでしょ？　今は男も同じようなもんだけど。だから時間がかかる、帰らないだろう、ということになる。違うんだよ。〝ものがない〟から並んでる。そういうジョークなんだ。

パリの女とモスクワの女がばったり会って、モスクワの女がパリの女に向かって、

「パリの女性は、パンティを平均で何枚くらい持っているんですか？」

「いきなり聞かれても困りますけど、なんといいましょうか、最低七枚は持ってるんじゃないですか？　穿《は》き替えますから、月、火、水、木、金、土、日と」

モスクワの女、

「十二枚持ってますよ」

「そうですか」

「穿き替えますからね。一月、二月、三月、四月……」


本来勉強なんてのは、こんなところから始まるんだよ。

それをなんだ、講師っていうのか教授っていうのか、つまらねえことをウダウダウダウダ言って。うちの倅《せがれ》なんか、大学途中でやめちゃったよ。

「なんで行かねえんだ」ったら、「話が面白くない」ってたよ。

「何を基準に面白くないと言うんだ」と聞いたら、

「パパの話のほうが面白い」って、そりゃそうだよな。


つまり反社会的なことを含めて、いろいろな、今で言う「小噺《こばなし》」ができたと思うよ。そのころの小噺を思いつくままに。

「墨田川《すみだがわ》で水練の達人を見たよ」

「そう、どう?」

「どうにもこうにも、顔を水につけたまま動かない。海へ向かってずーっと流れてったけど、あれは名人だね」

「土左衛門《どざえもん》じゃねえのかい？」

「名前までは聞かなかった」

　粋な噺ですよね。


　浅葱裏《あさぎうら》［＊28］、田舎者なんぞをからかうよね。川柳でもからかわれてますよ。

「これ女将《おかみ》　しておる絵は何文《もん》だ」

　つまりはポルノ屋だよな。今は〝ワァーッ〟てなってるけど、その昔は秘め事、秘すべきことでした。隠すべきものだから、無駄な世間話をいろいろしておいて、「ときに女将、あれ……あっちの、ある？」てなこと言うんだけど、田舎者は、そこで売ってるってのを聞いて、いきなり来て「これ女将、しておる絵は何文だ」。「やってる写真だしてくれ」と、こういうことな。これを川柳で揶揄《やゆ》したわけです。

　田舎者が江戸へ出てきて、魚河岸《かし》へ行っていきなり〝バン〟とぶつかって〝パーン〟と張り倒されて、

［＊28］浅葱裏は浅葱色の裏地のこと、またはその裏地を使った着物のこと。丈夫で安価なため、羽織の裏地に浅葱木綿が使われた。江戸勤番の下級武士の間で流行したため、田舎出の下級武士の代名詞となった。

「なんで、ぶつんだ」

「間抜けだからだ、この野郎。うるせえな。江戸じゃなぁ、〝パーン〟とやるのが流行《はや》ってんだ」

故郷《くに》へ帰ってきて、向こうから知ってる人が来たから、すれ違うときにパカンとぶった。

「何するだ？」

「〝何するだ〟って、これが江戸では流行ってんだぞ」

「何が江戸で流行ってるか知らねえけど、いきなりこんなことしやがって、コンチックショウメ、（ぶちながら）コンチクショ、コンチクショ、コンチクショ！」

「いや、そうは流行らねえ」

俺の好きなギャグで、

「なんだこりゃ。穴ばっかりでこれ」

「食いもんだよ」

「穴ばっかり」

「蓮《はす》だよ。レンコンだ」

「レンコンにしてもさ」

いいね「レンコンにしてもさ」って、こういうジョーク。

こういうのを作って〝やんや〟と言ったり、「もう少し、もう少し」てなことを言って時を過ごしたということは容易に考えられることです。江戸の中期。

## 文化の爛熟と落語の発生

江戸の端《はな》のころは、いろいろ騒動なんかもあったでしょう。豊臣の残党なんぞがいたから、『慶安太平記《けいあんたいへいき》』、由比正雪《ゆいしょうせつ》、なんてのを含めてね。火付けが多くて、だから江戸は火事が多かった、なんて話にもつながってくるんですけど。

落ち着いてきて爛熟《らんじゅく》してくる、文化・文政。世の中が爛熟してくると、歌舞伎であるとか、時々取り締まりは受けましたが、和歌、俳諧、狂歌、ポーカー、チンチロリン、スロットマシンとかいろいろそういうものが流行ってくる。

で、駄洒落《だじゃれ》なんぞを含めて、言葉の遊び、または、自分の知識の余裕をもったところで生じるいろいろなやり取り。それらを一般に聞かせようということに、当然なりますよね。わかりますよ。人間なんてのは好奇心があって、暇があるんだから、暇つぶし。人生暇つぶしですから。

それで、場所はどこだっけな？　六本木ヒルズかな？　神津島《こうづしま》かな？　佐渡島《さどがしま》か。

江戸の繁華な人が集まるところへ、葭簀《よしず》っ張《ぱ》りの……言葉が出てこない、手が出てくる……小屋を作った。そこで今の筮竹《ぜいちく》持ってやってる占い師みたいな、あんな程度かな。

その、占い師に屋根が付いたみたいなところで語ったのが、鹿野武左衛門《しかのぶざえもん》［＊29］というんだ。鹿は、あの〝シカ〟な。噺家じゃない、カモシカ。

昔は「噺家」がわかんなくてね、ちょいと田舎へ行くと狩人《かりうど》に鉄砲持って追っかけられた。理由《わけ》聞いたら、噺家とカモシカを間違えたんだと。危ねえね。

そこで鹿野武左衛門てえ人が演《や》った。鹿野だけじゃなくて、他にも演ったんでしょう。象野も虎野も、いろいろ演ったけども、鹿野が一番有名だったということだろうな。一番先に演ったのか、それが定かじゃないんだけどね。〝どうしても〟ってんなら、金によって相談に乗るよ、調べるよ。

これが繁盛した。「武左衛門の居るところは賑やかである、特に繁華である」てなことを詠んだ川柳もありますがね。

何を演ってたかというと、いま言う小噺の類《たぐい》。そんなのを二つ三つ演ったり、お客さんから題をもらって解いてみたり、やれ「謎《なぞ》かけ」ってやつね。「何々と

［＊29］鹿野武左衛門（しかの・ぶざえもん）。一六四九（慶安2）～一六九九（元禄12）年。大坂から江戸に移り、塗師《ぬし》（漆器の職人）となったが三十歳のころに落語家になったとされる。身振り手振りを交えた「座敷仕方噺」を得意とし、「江戸落語の始祖」といわれる。

かけて何と解く」。今の馬鹿な噺家が演るのとはわけが違って、もっと上手かった。

同音異義を探す。例えば「かける」って言うと、「駆ける」、博打《ばくち》で金を「賭《か》ける」、着物を「掛ける」、いろいろある。

お客さんから「マラソン」という題が出ると、「衣紋掛《えもんか》け、ハンガー」と解く。その心は、〝どちらも「かける」〟。これ、あんまり面白くない。ここで、ちょっと皮肉るわけ。

「釘《くぎ》の出た衣紋掛け」と解く。その心は「下手《へた》にかけると破れるよ」と、いくらか上手く聞こえる。「鶯」とかけて「お弔《とむら》い」と解く。その心は〝泣き泣き（鳴き鳴き）埋め（梅）に行く〟。

私はこれの名人です、余談だけどね。ほとんど余談だけどね。予断を許さないよ。

キャバレーとかクラブとか、酒色、酒・女性を対象に遊びに行くところで、アトラクションをやるわけです。ショーを一人で。その前はストリップティーズとかね。手品なんかはわかるけど、一人でしゃべるのは大変だよ。

で、お客に題をもらって答えれば、客も出した以上聞いてるじゃないですか。そこで初めてウケたんですよ。私よりウケた人はいなかったんじゃないかと思いますよ。いろんなところに、毎晩毎晩出てました。

熟語もあります。「勘定」、人間は「感情」の動物だ、「環状」線だ。そうすると「電車」とかけて「喧嘩《けんか》」と解く。〝感情（環状）でこじれる〟。そんなことを言うんだ。

逆に「喧嘩」って題が出ると、「喧嘩」とかけて「おあいそ」と解く、その心は「感情（勘定）でもめる」てなことを言うんだよ。

それらを駄洒落と言います。駄洒落の小噺ってあるじゃないですか。よく噺家がやる、「囲いができたね」。これを「向こうの空き地に囲いができたね」「へぇ」とやる。「向こうの空き地」なんて要らねえ、「囲いができたね」「へぇ」。小噺は短いほどいいいんですよ。

「坊さんが通る」「そうかい」

「台所にしようと思う」「勝手にしろ」

俺の作ったのは、

「なぜ逃げるんだ」「話（放）せばわかる」

これ上手いでしょ？

昔からあるやつで、中途半端なのがいっぱいありますよ。くだらないんだ。

「木魚屋《もくぎょ》の娘を孕《はら》ませたのは誰だ」「ポク、ポク」

くっだらねえものを考える。こういうのは木久蔵《きくぞう》（後の林家木久扇《はやしやきくおう》）だとか、ああいう奴がやるやつだね。

「キリストの名前、知ってる？」「イエス」

「食料品売場は遠い？」「近い（地階）」

駄洒落も上手くなるとね……いい？　こんな話で。「歴史を」？　「落語の歴史を」？

「落語家が線路を歩いて轢《ひ》かれて〝落語の轢死《れきし》〟」ってのはどうですか？　「勝手にしろ」？

　内容はともかく、〝いかにも文化だな〟と思う回文《かいぶん》。「八百屋」「竹屋が焼けた」「談志が死んだ」「旦那《だんな》がなんだ」「猿また貯まるさ」「くどい梅毒」「マカオのオカマ」。上から読んでも下から読んでも同《お》んなじ。

　これがだんだん上手くなると、「私負けましたわ」「キツツキが鳴くぞ覗《のぞ》くな垣続き」「草の名は知らず珍し花の咲く」「結婚し新嫁宵《にいよめよい》に新香漬《しんこつ》け」「力士出て塩なめ直し手で仕切り」……どんどんしゃべんないと、お前らがメモして他行って使うといけねえからな。

そんな中に、昔は「えびす講」といって恵比寿《えびす》様を祭《まつ》る晩があった。今もあります。べったら漬けを売ったりなんかする。俺は甘くて嫌いなんだけどね、それはこっちへ置いといて。

そのときの歌、「長き世の遠《とほ》の眠《ねぶ》りのみな目覚め波乗り舟の音のよきかな」。これは上から読んでも下から読んでも同《お》んなじです。それをまたパロるんだな。「長き屁の音に眠りのみな目ざめ並の屁より音のよきかな」とかね。いかにもわかりやすいというか、くだらんと言えるけども。

〝くだらないのはなぜ悪いのか〟って言いたくなるね。「くだらなくない」というのは何なんだろうね。

そういう言い方をしたら、今の政府がやってることなんか最もくだらないじゃないですか。酷《ひど》いもんじゃないですか。日本というものの基準なんかなんにもないじゃないですか。「基準がないのが日本だ」って言うならいいですよ。その場その場の都合都合で動いてるだけじゃないですか。ただ毎日の話題だけ、殺された、盗まれた、ぶっ壊れた、爆発した、沈んだのどうの。

それに比べれば、はるかに文化が爛熟していた。そこで、それらを会話によって観客に伝えた。これが落語の発生である、と。

## 「噺家」って言葉が嫌いなんだ

そのうちに当然のことながら、それ専門の小屋が出てくる。そこで木戸銭《きどせん》、入場料を取って演る。上手い、まずいも出てくる。上手い人に習う。個人的な学校みたいなもんですな、そこで師弟関係、一門が出てくる。寄席が方々で出てくる。江戸に出来れば上方《かみがた》にも、四国にも九州にも。北海道にはアイヌの落語家がいて、「アーホイヤァーーー」……狂ってるんじゃないよ。『イヨマンテの夜』という伊藤久男《いとうひさお》の歌なんだけどね。「アーホイヤァー」……よそうか。

この説明では、落語の歴史にならないかもしれない、誕生にならないかもしれない。けども、この程度の知識しか持ってない。これだけしゃべれる俺は落語家の中でもいいほうなんです。

ちなみに私は「噺家」って言葉が嫌いなんだ。「話（噺）す人」から出来上がってきた。最初は面白い噺を話すだけですよ。そこに人間の業《ごう》とか、前にもしゃべったか、だぶるかもしれないけど常に言いますよ、常識でつなぎきれない、残されていくもの、それらを含めて出す芸術。やがてそれになってくるんですよ。

そして奇想天外な噺。

あるケチな人がサクランボを食べて、「種がもったいない」と飲み込んじゃたから、春になったらサクランボの芽が頭から吹いて、それ放っといたらだんだんだんだん大きくなって、見事な桜になって、花見時になると大変だ。みんな見に来る。〝ケチ兵衛《べえ》〟というんだ、この人。

落語ってシンプルなのが好きなんだ。ケチな奴はケチ兵衛っていうんだ。仏《ぶっ》頂面《ちょうづら》してるんで「仏頂さん」という人もいるよ。

……〝見に行こう〟ってんで、みんな花見に来て、飲めや歌えの大《おお》っ騒《つぁわ》ぎになって、〝うるせえな〟ってんで桜の木を引っこ抜いちゃう。その、へこんだところへ、夕立になって雨が溜まっちゃてね、捨てなかったから、そこへ今度魚がわいて、鮒《ふな》だ鯉《こい》だ鮠《はや》だ鰻《うなぎ》だ平目《ひらめ》だマンタだ、って増えてきちゃった。夜釣りまで出てきちゃってね、飲んだり騒いだりして。「うるさくて寝てらんねえ」と、とうとうその池に飛び込んで死んじゃった、って噺がある。『あたま山《やま》』という傑作なんですけどね。

こういう、ものすごい発想を含めた笑い噺。

そして、いろんなものが話題となる。ありとあらゆるもの。四季の行事、または人間関係、やれ嫉妬《しっと》だ、愛だ、別れだ、喜びだ、欲だ……アトランダムに言うと、仇討《かたきう》ちだ、雪の日だ、夏の暑さだ、貧乏だ、宝くじだ、いろいろなことが全部あいまって、素晴らしい江戸の一大文化となる。葭簀っ張りみたいなところで始まったくらいですから、歌舞伎よりも安くて庶民的、その寄席へ行く。

「なるほど、あるよなぁ。夫婦の間で、親子の間で、兄弟で、師弟で、あるよなぁ」

暗い夜、どうやら寄席だけはろうそくが灯《とも》ってたでしょう。家《うち》でもろうそくを灯せるけども、結構高いですからね。

それらの欲望があいまって、寄席、〝人が集まるところにできた席〟ですね。ちなみに、「一席申し上げます」というのは、その晩を全部持つ、という意味なんですってね。〝ちょいと一席落語を演る〟ということじゃないんだって。私の独演会みたいに一晩持つ。「一席演る」というところから始まって……まあ言葉ってのは変化しますから、いろいろあるでしょうけど、そうだそうです。

はい、そんなところかな。

**どう思う？　あなた方**

それで、いつからそこへ出てくる芸人たちと一般を分けるようにしたのか、それがわからないんだ。

とりもなおさず昔からある人間の好奇心、余裕、笑いという〝緊張を緩和させる行為〟があり、またそういう行為があったからこそ緊張の会話ができたという両面からあるでしょう。それらがあいまって、重なって、笑うということの楽しさが出来てきた。

で、その〝笑うという楽しさ〟を利用した曾呂利新左衛門であるとか、または江戸時代の大田直次郎《おおたなおじろう》、蜀山人《しょくさんじん》［＊30］。〝上手いこと〟を言った。一例も二例もあります。

侍（足軽《あしがる》）が通ると、角店《かどみせ》でお軽《かる》という娘っ子か女中が水を撒《ま》いていて、それがかかってしまう。足軽が怒って斬ろうとすると、そこへ入って狂歌を詠む。「足軽が通りかかるに水かかる　足軽怒るお軽怖がる」〝アッハッハ〟ってなこと言って許してもらったりね。

そういう蜀山人の逸話はたくさんあります。どこまで本当だかわかりませんが。

茶屋で休んでいたらね、「煙草《たばこ》の火を貸してください」って言ったら、相手が「狂歌を一首詠んでくれたらね」てなこと言ったらしいんだ。ムッとした蜀山人

［＊30］蜀山人は、大田《おおた》南《なん》畝《ぼ》の号（ペンネーム）の一つで、直次郎は通称。南畝は江戸を代表する文人で、狂歌師、戯作者、幕臣。一七四九（寛延2）〜一八二三（文政6）年。蜀山人のほかにも、四方山人《よもさんじん》、寝惚《ねぼけ》先生、四方赤良《よものあから》など、いくつもの号を持つ。遊びで作った狂詩が平賀源内《ひらがげんない》の目にとまり、『寝惚先生文集』として出版され（一七六七年）、一躍人気者となった。

が、

「いりあいの鐘《かね》を合図に撞《つ》きだせば　いずくの里も日（火）は暮るるなり」

　駄洒落ですよね。

「近江《おうみ》八景の歌を全部詠んでくれたら駄賃《だちん》をタダにします」と言われて、逸話だろうけど、

「乗せたから先はあわずかただの駕籠《かご》ひら石山や走《はせ》らしてみゐ」

〝のせた（瀬田）からさき（唐崎）はあわず（粟津）かただ（堅田）のかご　ひら（比良）いしやま（石山）やはせ（矢橋）らしてみゐ（三井）〟……八つ読んだって。すごいねぇ。三井の晩鐘から。

　蜀山人、大田南畝《なんぽ》、直次郎は役人ですけども、江戸の文化のトップ。「南畝南畝と子供まで言う」なんて言われ、子供にまで知られていた。

　また余談を言いますけどね、文化の交流か、中国、そのころの唐《から》、句を詠んだ、送った。

「唐人《とうじん》よここまで来いよ天原《あまのはら》　三国一の富士が見たくば」

「三国一」ってのは、「世界一」ですね。向こうから返事が来た。

「ホンヒ　トイトイ　サンアンコー」「プーサン　チャーラー　チャーシューメン」「ホーリーチン　ツァイライ」「ワンタン」「マーナカビー」、あ、マーナカビーはいけねえ。

蜀山人は「四方山人《よもさんじん》」ともいった。この人はいろんな名前を持ってました。それで、その「四」と「方」がくっついて「蜀」って字に見えた。蜀の国な。それが面白いってんで「蜀山人」と使ったという。


で、話をまとめますと、そういう文化人が出てきて、己《おのれ》たちの〝教養を含めた笑い〟を楽しんだ。趣味人。それが外へ出る、喜ぶ人も出る。当然、〝それをひとつ演ってみよう〟、また〝演ってください、あなたならばぜひ〟といって出たのが、鹿野武左衛門。これが一応、寄席の、いや落語家の最初としてある。

ジョークとしては、宇治大納言というのがいて「次へ下がって大いに笑え」といった、これが平安朝の時代からあったという。

これはどっちでも構いませんよね。

出てきて面白いとなれば、武左衛門がそうだったかはわからないけど、これが典型になりますね。そうすると多くの類型を呼びます。逆に言うと、多くの類型を呼んだときにそれを「典型」と言うんですけどね。

これが江戸という町の文化に適して、粋な噺、洒落た文句、歴史的な出来事、いろいろ含めて一般生活の糧《かて》になったんじゃないですか。笑いというものを中心にして。

そして、いろいろな解釈をする。長田忠致を、または小野小町を、または弁慶を。

「弁慶と小町は馬鹿だなぁ、女房《かか》ぁ」てなことを言うんです。わかるぅ？　小町は「穴なし小町」で、弁慶は一回で懲りちゃった。で、「弁慶と小町は馬鹿だなぁ」。この二人、何をしてると思う？「女房」ってんだから、こっちは亭主だよな。亭主と二人でギッタンバッタン、の最中で、「弁慶と小町は馬鹿だなぁ、女房。こんないいものを」……。

♪時間がーきたぁーよ

俺の好きな江戸の小噺を一つ。どっちがいいかな。俺はこのほうが好きなんだけど。「このほうが好きなんだけど」って腹ん中で葛藤《かっとう》してるものを決められたって困るだろうけども。

長屋の評判で、夜になると〝大きな声で鳴く〟っていう評判の女房《かか》ぁがいたんだ。〝じゃあ〟ってんで、皆で相談して、うまく騙《だま》して、大きなよがり声を出すってことをやるんだよ。でも一つも鳴かないんだ、これが。

「なんでだ、おい」

「どしたの」

「〝どしたの〟じゃねえんだよ、お前評判なんだぞ、大きな声でもって毎晩毎晩ヒィヒィ鳴くって」

「鳴くのは亭主でございます」

大好きなんだ、このバカバカしいのがね。

え？　アンコール？　アンコールワット。ワットアンコール。

手と足が喧嘩をして、足が手に、「重てえな、おい、どいてくれよ」って言うんだよ。

「重てえよ、おい」

「何言うんだ、足のくせに。生意気なことを言うな、ピシッ（足を叩《たた》く）」

「痛《いて》え」

「〝痛え〟もあるか、この野郎！　ピシッ」

見えないけど、やってることわかるよね？　叩いてんの。わかんねえ？　少なくともチンボコしごいてるとは思わないだろ？

「生意気なことを言うな、足のくせに手に向かって」

「あんまりいじめると、復讐《ふくしゅう》するぞ」って言うんだ。

「お前にどんな復讐ができるんだ」

「犬のクソを踏んで手前《てめ》ぇに拭《ふ》かせるぞ」

今日の講義はこれで終わり。

どう思う？　あなた方。

第三回

# 名人の系譜

## 観客を笑わせ、江戸の文化を伝える

「こんにちは」だか「こんばんは」だか、「お寒うございます」はねえだろうな。まあ、わかんない。お暑うございます。お温《ぬる》うござんす。立川談志にてござんす。

え？　ヒゲ生えてけつかる？　描《か》いたんだよ。吉村（作治）さんに負けちゃいけないと思ってね。負けず嫌いなものですからね。今、一生懸命エジプトを勉強してるんです。抜いちゃおうかと思ってね。「俺のエジプトは五億年前から」とか「ツタンカーメンに会ってるんだ」とか。写真を探してるんですけど、いや、作ってるんですけどね。

三回目。吉原《よしわら》へ女郎《じょろ》買《か》い……嫌な言葉だね。吉原に遊びに行くとね、最初に行くときは「初会《しょかい》」という。〝初めて会う〟。「初会惚《ぼ》れしてわしゃ恥ずかしい　裏に来るやら来ないやら」なんて都々逸《どどいつ》がある。

「裏」ってのは、二回目のことだ。「裏を返す」って言うでしょ？　「ねえ、裏返してよ」と言う。

三度目から「馴染《なじ》み」と言う。〝お馴染み様〟ですね。

一回目に「落語とは何だ」をしゃべってます。〝とは何だ〟〝落語とは何じゃい〟をね。二回目は落語の歴史について、あっち行ったりこっち行ったり脱線してますがね、しゃべった、語った、能書きをこいた。今日は〝何をこくか〟ってことなんだけどね。

名人の系譜について。これ八回やるんだが、プランはないんだよ。行き当たりばったり、〝行き当たりバッタとともに草枕《くさまくら》〟、とにかく行き当たりばったりだ。「そんなことないよ、考えてるんだろ」って？　あんまり考えないんだよね。何なんだろうな、行き当たりばったりに暮らす性格と、それを処せるだけの自信を持ってるってことかね。

え？　「講義を始めろ」？　あ、そうですか、すいませんでした。

「名人」という言葉がありますよね。「あいつは名人だね」。私は他人より余計に聞いてるんです。自分が名人だからね。「あ、名人が来た」「名人が来た」。名人上手《じょうず》、随分隔たりがあるっていいますけどね。

定義するのが私は好きなんだけども、「名人」の定義って何なんだろう。

落語の場合は、観客を喜ばせるのが主《しゅ》です。まあ、どんな娯楽でもそうでしょう。特に〝笑わせる〟ということ。そして、〝江戸の文化を伝える〟ということですね。

「文化とは何か」って、言いましたね。一番先端、より早く、より多く、より楽しく、よりスイートに、それが文明。「残されたものに潤いを与えるのが文化である」と。したがって「文明は文化を守る義務がある」。

おいおい、岸内閣……ってのは古いな、孫《まご》内閣（第一次安倍晋三内閣）も、よく聞いとけよ。

文明は文化を守る義務がある。石原慎太郎にそう言ってやったんだけど、わかってんのかなあいつ。目ぇパチパチさせてるだけだ。

いつの時代も「名人」てのがいた。私がそう。また話が戻っちゃったけど。

落語の場合、落語が発生していろんな芸人、つまり落語家が出てきた。その中で、〝上手《うま》い〟もありゃ、〝下手《へた》〟もある。どの世界でもそうですね。職人が包丁さばくんでも、上手いのもありゃ、下手なのもある。「上手い・下手というのは、誰がどう決めるか」って問題なんだ。

これは私の「帰属論」［＊31］と同じように、ひとつ〝上手い〟というものを決めたがるのかな。で、決める以上、何かの基準がないといけない。

落語の場合は、落語以外もそうだろうとは思うが、つまりこの場合は「リアリズム」、それも「落語的リアリズム」と言ったらいいのかな。そして「人情」。人情ってのは、「人間の情が出ている」ということ。

［＊31］「帰属論」は、「人間はどこかに己を帰属させていないと生きていられない」という談志の持論。

〝その情の基本は何だ〟といったら、落語の場合は、本来は無残であり残酷であり勝手気ままなものを表してくるんだが、まだまだ明治から大正、そしてもっと前を含めて、常識的に「良かれ」と決めた「夫婦相和《あいわ》し朋友《ほうゆう》相信じ」……そういう教育勅語に現れるような、つまり常識を賛美する、援護する、弁護する。

## 「人間の業」が出たジョーク

落語の本質は、非常識を認めることによって、無理して作った常識への苛立《いらだ》ち、一つのカタルシスの発散。それをやっていく中で、バカバカしくって面白いものが出てくる。

例えばジョークだが、これは〝ジョーク〟っていうくらいだから、海の向こうのもの。

田舎の駅に……小さな駅ね、田舎っていうくらいだから。鉄道大臣てのが今はいるのかどうかわからないけど、その駅に視察に来る。駅長兼、視察係兼、掃除係兼、ピリピリ（笛）係兼に、鉄道大臣が言う。

「ご苦労さま。君にうかがうが、一つのレールの上で機関車が両方から来てしまった場合、どう処理するんだ？」

「はい、そのときは転轍器《てんてつき》を、こうガチャガチャッとやることによって、汽車の衝突を避けるように……」

「そうか。それが動かなかったときはどうするんです？」

「動かなかった場合は、爆竹を焚《た》いて運転士に知らせます」

「それが爆発せず、機能しなかったらどうするんです？」

「そのときは赤旗を振って……」

「それが見えなかったらどうする？」

「大きな声で止めます」

「それが聞こえなかったら？」

「妹を連れてきます」

「ほうほうほう、妹。え？　妹さんというのは何かプラスになるの？」

「いやぁ、何にもなりませんよ。ただ、〝一度汽車の衝突が見たい〟と言ってましたからね」

あのね、こういう〝バカげた〟と言うんですかね、いいでしょう？　いいジョークですよね。

こういうようなバカバカしいジョークは、ジョークゆえのジョークです。けども、しみじみとした人間の情が入ってるものもある。どういうたとえで言ったらいいのかな。

　女房を脇《わき》へ乗っけてドライブした亭主がね、ブレーキを切りそこなって山腹の山道からダーン、グァングァングァングァン、ビシャーンと、谷底へ叩《たた》きつけられたときには車ぁペッチャンコ、女房即死。亭主だけ九死に一生を得て病院へ連れ込まれたけども、グルグル巻き。石膏《せっこう》で固められ包帯を巻かれて動けない。友達が見舞いに来て、

「えらいことやったなぁ。自業自得って言や、しょうがないけど、車ペッチャンコはともかく、奥さん即死だよ。君だってこんな状態になって、大丈夫か、おい」

「笑うと痛《いて》えんだよな」

　これはね、人間のすごさ、業《ごう》、根底が出たすごいジョークですよ。

〝汽車が衝突したら〟というジョークは、笑いがいかにも「家の笑い」ですよね。これに対して、〝笑うと痛えんだ〟的な内容をもったジョークを含めたストーリー、または全体の雰囲気。これが落語なんですよ。

　ゴルフやってたらね、……って話がポンと飛ぶんだ、俺の特徴は。嫌《や》な特徴だ

ね。

そこに葬儀の車が通るんだね。私はゴルフをやらないから、「しばしやめた」って言葉がゴルフにあるかどうかはわからんが、しばしやめて帽子を取って、見送ったんだね。

「偉いねぇ、君。霊柩車《れいきゅうしゃ》に対して。ジェントルマンだね」

「まあねぇ、三十年連れ添った女房だからね」

## 「常識」を主としたのが人情噺

人間として我々がこよなく憧《あこが》れる「非常識」。なぜ憧れるかというと、くどいけど、「常識」という世界に引きずり回されている。前も言ったように、屁《へ》とか呼吸とか鼓動とか、血液の流通とか、そういうもの以外は全部「常識」だって言いましたね。

常識に反する反常識、非常識、不道徳を含めた内容を語るのが落語なんだけども、やはり娯楽の対象が、テレビだとか、演劇とか、小便《しょんべん》とか……小便は違うか、今みたいにいろいろあるわけじゃなかった。寄席が主《しゅ》だった。だから当然、女子供っていうと今だと軽蔑《けいべつ》の言葉ですが、……そのころも軽蔑を含めたか、まあ、そういう人たちも寄席に来るようになったので、「常識」というか「良識」を主にする部分も増えてきた。

例えば同じ非道徳でも、助平噺《すけべばなし》をするとする。客に両親がいて真ん中に娘がいる。娘が知らないわけがない。そのころのジョーク、格言とでもいうか、「物心付いた女性の最大の関心は、破瓜《はか》における一瞬である」。最初のセックスな。最初のおま……いや、とにかくまぁ、アーワーワーワーワー、という時代。今はそんなこととないだろうけどね。

そういう、恥ずかしがる娘さん、なぜ恥ずかしがるかという話は機会があればしましょう……その真ん中の娘さんが「何言ってんのかしら」と思っても不自然でない芸、もちろん両親はわかってる……というような芸を演《や》らないと駄目だ、という教訓もある。

非道徳結構、我々の本筋じゃないですか。でもね、常識を求めてくる人もいる。というよりも、この寄席という空間（非道徳・不道徳が許される場、発散の場）に入ってきても、「非道徳、不道徳というのは嫌だ」という建前に生かされている、まだその名残《なごり》がある人たちも来ている。それに対して演る噺、どちらかと言うと〝常識的な行為を主とする噺〟を「人情噺《にんじょうばなし》」というんです。

「人情」というんだから、「不人情」「非情」「無情」を含めた人情なんですが、

わかりやすく言うと、

「こうやって親子が三人久しぶりに集まって、ね、これがやっぱり本当の幸せなんだね、お前さん」

「うん」

「これが三年ぶりに叶《かな》ったのも、みんなこの子がいたからだね」

「うん」

「してみると、子は本当に夫婦の鎹《かすがい》だね」

「やぁ、あたいは鎹か、それでさっきおっ母《か》さんが〝玄能《げんのう》で叩く〟と言った」

ここで聴いても、なんだかわかんないだろうけどね。『子別《こわか》れ』って噺の落《さ》げなんですけどね。落げなんぞ、というよりもストーリーもわからなくてもいいです。

親子三人でいたんだけど、夫婦が別れて子が母親のほうについちゃって、離れ離れになって、これがやがて会えたという噺です。そういうのを「人情噺」と言ったんですね。

この人情噺というのは、短くしても、ジョークにも小噺にもならんですよね。

小噺にする場合は「非常識」にしなきゃいけない。

**対して『二十四孝』のすごさ**

「常識的な噺」に対する良い例で『二十四孝《にじゅうしこう》』という落語があります。

「八五郎《はちごろう》、呼ばれたらすぐ来い、この馬鹿《ばか》野郎」

「うん」

「〝うん〟じゃねえよ」

　いろいろあって、

「……と何か？　お前は母親を殴ったのか？」

「冗談言うない、あんな小汚《こぎたな》いもん、誰が殴るもんかい」

「そうだ。いくらお前が馬鹿野郎でも、親に手を上げることはしないだろう」

「しないよ、あんなもの。蹴飛《けと》ばしたよ」

「うん？　この野郎、親を〝蹴飛ばした〟？」

「顎《あご》へ決まって飛んだね」

「殴るぞ、この野郎。〝顎に決まって飛んだ〟って言やがる。とんでもねえ野郎だ」

「親孝行は大事なもんだ」と言って、

「唐土《もろこし》に親孝行者が二十四人《にじゅうよにん》、〝二十四孝《にじゅうしこう》〟というのがいた」

唐土は中国のことね。

「唐土は何か？　二十四人しか、親孝行がいねえのか？」

「変なところから攻めてきやがったな、この野郎」

ってなことで、さんざっぱら親孝行の話をする。え？　「具体的に演れ」？

演ったってかまわない。できますよ。

「晋《しん》の国に王祥《おうしょう》という人がいてな」

「あぁ。で、どうしたい」

「これに年老いた母親がいた」

「あぁ。殺せ」

「何を言いやがる。ある冬のこと、〝鯉《こい》が食べたい〟と言ったな」

「生意気なこと言いやがんな、鯉なんぞ、こん畜生《ちくしょう》。鰹節《かつぶし》で我慢しろい」

「で、釣り竿《つざお》を肩に、裏の池へ出た」

「どこへでも行け」

「何だい。大寒《だいかん》のことで厚氷《あつごおり》が張って鯉を得ることができない」

「どしたい」

「鯉を得ずして母親に合わせる顔がない。母親のがっかりした顔は見たくない。なんとかして鯉が欲しい、と、氷の上に腹ばいになって寝たな」

「はぁ」

「体の温かみで氷が溶けた。穴が空いた。そこから頃合いの鯉が跳ねる。跳ね上がったのを捕らえて母親に食べさせた、という親孝行。どうだ、驚いたか」

「冗談言うな、この野郎。よくこういうことを言って生きてんね、こん畜生め」

「なに？」

「冗談もいい加減にしてくれよ。氷が張ってて歩けるくらいだから、よほど張ってるんだろうよ、え？　氷の上に転がって喜んでるってのは、シロクマかアザラシならわかるけど、人間だぞ、こん畜生。何を言やがんだ、まったく。ホームレスだってそんなことしないよ。いいかい？　いいよ、体の温かみで溶けたんなら。溶けりゃ、そのまま落っこっちゃうじゃねえか」

「ささ、そこだよ。落ちねえで鯉が出たというのが〝孝行の威徳《いとく》によって天の感ずるところ〟だ」

「何だい？　その〝天が感ずる〟てのは」

「天がそのことに感じて、〝良きに〟ということにしてくれたんだな」

「ふーん、天が感じたら〝てんかん〟か？　てんかん、〝てーん〟てやって〝かーん〟てきやがってね。あぁ、そう」

「そういうことだ」

「ふーん」

いろんな話をして、八公が「おかしいよ」って言えば「それは天の感ずるところ」。八公もだんだん聞くようになってそれを覚えて、家《うち》に帰ってきて、やるわけね。

「親孝行するからな」と女房に言って、

「そうだよ、お前さん。してくれりゃあ、間に入ってるあたしは、ほんとにありがたいんだから」


「おっ母《か》ぁ！　鯉を食うか？」

「泥臭《どろくせ》えから嫌いだ」

「筍《たけのこ》はどうだ？」

「歯が悪いから駄目だ」

「この野郎、親孝行の邪魔《じゃま》をしやがって、こん畜生、絞め殺すぞ」

「何を言ってんだよ、お前さん」

二十四孝、今度は酒の話。

夏になって蚊帳《かや》を吊《つ》ることもできないくらい貧乏な家の倅《せがれ》が、酒屋に行ってごく安い下見酒《したみざけ》というのを買って、己《おのれ》の体に吹き付けて、父親の脇に添い寝をして、「心ある蚊ならば、父の血を吸わず我の血を吸って腹を肥やせ」と言って寝た。

「馬鹿な野郎だねえ。体に酒ぇ塗って、来たろうね、唐土の蚊が集まって。ブウーーーンてなもんだ。刺し殺されたろ」

「その晩に限って蚊が一匹も出ない」

「え？　蚊が休みか？」

「休みにあらず。孝行の威徳によって……」

「〝天の感ずるところ〟だろ、この野郎め。馬鹿な野郎だな、ほんとに。俺だったらそんなことしねえな。二階の壁に向かって酒をぶっかけちゃって」

「冗談を……」

「冗談じゃないよ。蚊がブワーンと上がってったろ？　上がってったところで、ハシゴを取っちゃえばいいじゃねえか」

と、こういうギャグがあってね。で、女房に酒を買いに行かせて自分が酒を飲むんだ。それで朝になって起きて、

「おっ母ぁ、どうでい、豪儀なもんでい。俺が親孝行のまじないをかけて飲んだから、蚊《か》が一匹も出なかっただろ」

「何を言ってんだ、こん畜生。あたしが一晩中あおいでたんだ」

さぁ、これだ。この落語のすごさ。親不孝の極致の賛美でしょ。

でも一応、「二十四孝」という、「親孝行せい」という対照的な話をこの落語の主《しゅ》として、『二十四孝』が題名になってるんだ。

聴く人が聴きゃわかるよ、こんなもの。「へえー、親不孝のものすごさ」ってね。俺も一緒に住んでないからね。だけどどっかでそれはわかる、と思ってやっておるんです。それはこっち置いといて。

さぁ、それ的なもの、人間としてまとまらない、または無理してまとめられてしまった常識に対して腹が立ってたまらない。腹を立てることが、もう「非常識」。「親孝行なんて馬鹿なこと、誰ができる!」……これをまともに言ったら「非常識」。

## 「桃太郎」と変わらない

人間の性は善なり……〝善〟にしてるだけだ、善のわけがない。人間の性は善なり、悪に染まる……〝染まる〟んじゃねえんだ、もともと悪なのをなんとかしてるだけの話なんだ、極端に言っちゃうとね。

それで〝人間の性は善なり〟のほうを演るのが人情噺。したがって、プロセスがないとわかりませんから、長くなります。

慶応の何年、そのころに、こういうところにこういう人がいまして、これが大変な親孝行でございますが、あるときこんなことがあって、離れ離れになってしまいました。

そしてこうこうこうして、野越え山越えはるばる来たときに、山小屋で会った。なんとこれが、〝会いたくて会いたくて〟と思っていた母親でございます。

「どうしたんだ」「こうこう、こういうことが」

これ全部、作り噺よ。今言ってるだけ。アドリブってやつな。

「こうなった」「そんなことをしたのか」と驚いた彼は、母親をおぶって山を下ったときに、こうこう、こういう災難に遭《あ》いました。しかし、なんとか神のご加護があったとみえて、その災難を逃れて宿屋へ帰り、母親の身の上話を聞く。

〝ああ悪かった〟と気がついた。何気なくやったことだけど、これだけ母親を悲しませてしまった。それに気がついて、国へ帰って親孝行をした。めでたしめでたし。

……と、こういうことになる。「桃太郎さん」と大して変わらねえよな。まだ桃太郎さんのほうが面白いよね。おじいさんとおばあさんがおりました。おじいさんは山へ柴刈《しばか》りに、おばあさんは川へ洗濯に。

洗濯をしていると、向こうのほうから桃がどんぶらこと流れてきました。今度はパイナップルが流れてきました。メロンが流れてきました。イチゴが流れてきました。梨が流れてきました。よく見たら千疋屋《せんびきや》の喧嘩《けんか》でした。……ってね。

これは円蔵《えんぞう》［＊32］が作ったギャグで、あんまりバカバカしいんで俺は大好きだからやってるんだけどね。


つまり、人情噺とはそういう噺。それを演るには、テクニックが必要。昔は落語のほうでも、隠居は隠居らしく「馬鹿なことを言うんじゃないよお前は」と言った。これに対して、私は滅茶苦茶《めちゃくちゃ》だ。どっちがどっちでもいいようなもんだ。下手すると、これは余談も余談だけど、

「お前、引っ叩《ひっぱた》かれんな、この野郎！」

「ちょっと待ってくれよ。あんた、落語に出てくる〝ご隠居さん〟でしょ？」

「そうよ」


［＊32］八代目橘家円蔵（たちばなや・えんぞう）。本名大山武雄、一九三四（昭和9）～二〇一五（平成27）年。月の家円鏡《つきのやえんきょう》を経て、一九八二（昭和57）年八代目橘家円蔵を襲名。

「それが、〝引っ叩かれんな、この野郎〟はないだろう」

「〝ないだろう〟って、現実に俺が隠居じゃねえか、馬鹿野郎。何の文句があんのか」

これだ。昔こんなことを演ったら言われたな。「何だあいつの落語は、隠居さんにも熊公にも八公にも職人にもなってねえだろ」と。

## 人情噺と『義眼』

山谷堀《さんやぼり》からお客が四人《よったり》で、芸者が一人だ。その日、どういうわけだか、船宿の堅い御法度《ごはっと》だが、一人船頭一人芸者。

櫓柄《ろづか》ぁ握った船頭が、山谷の小舟乗りですばしっこいってえところから、〝小《こ》猿《ざる》〟と仇名《あだな》された七之助《しちのすけ》。乗った芸者が、男嫌いが売り物で「御朱殿《ごしゅでん》」と異名《あだな》をとりました浅草広小路《あさくさひろこうじ》、滝《たき》の屋《や》のお滝という。

「七《しっ》つぁん、降ってきやしないかい？」

「さっきパラッと見せた雨もどうやら上がって、星ぁ二つ三つ見えてますよ。これは夜上《よあ》がり、長保《ながも》ちはねえね」

「どうぞして保たせたいもんだね」

「まぁこの分なら、どうやら着くまでは、なんとか保つかもしれやせんねぇ、姐《ねえ》さん」

と言いながら、真っ暗な大川を舟がすべる。佃《つくだ》の浜で誰が唄うか舟歌を遠出に聞いて、深川の中木戸《なかきど》で打つ引けの拍子木《ひょうしぎ》がチョンチョン、チョチョン、チョン、チョチョン。永代《えいたい》の橋間《はしま》ぁ三つ目、舟がくぐり抜けるとたん、橋の上で「南無阿弥陀仏《なむあみだぶつ》」と六字の名号《みょうごう》。

「七つぁん、どうした」

「身投げだ！　音は二つじゃねえね、一つだね。二つだってえと心中ってことがあるから助けたほうがいいが、助けたほうから逆に苦情が出るってことがあるから気をつけなくちゃいけねえ」

「七つぁん、大丈夫かい」

「まあ見てな」［＊33］

……上手いだろう？　俺な。上手いんだ、俺。一番上手いんじゃないの？　当たり前だけどね。前から上手かった。

人情噺は、これ的なテクニックを入れて語ってくる。だから物事には内容と形式がありますが、形式的には今言うとおり、人間が作った常識の中で最も大事

［＊33］落語『小猿七之助《こざるしちのすけ》』の一節。

な、親子、兄弟、夫婦、もちろん広がって隣人だとか、同郷だとかってなるんでしょう。そこで始まる葛藤《かっとう》をまとめる。ドラマチックな部分をそれによって付ける。『鰍沢《かじかざわ》』とかね。

で、そういうものに向かない芸人がいるんだよ。例えば志ん生《しんしょう》。この志ん生っていう素晴らしい芸人は、人情噺も演るが下手なんだよ。

けど、どっちかって言うと、私は志ん生が演るこっちのほうが好きなんだ。

「えぇー、今入れた目の玉、ガタガタしませんか？」

「大丈夫です」

「寝るときは別に構いませんから、お湯の中に入れて、茶碗《ちゃわん》でもコップにでも入れといてください」

なんて言われてね。これが遊びに行って、そこへ入れといたのを、隣に客がいて、その客が酔っ払って飲んじゃった。

「なんだいこりゃ」ってんで、目玉飲み込んじゃった。知らないお客は、二日くらいたつと〝通じ〟がなくなっちゃってね。医者へ行って、

「そうですか、では私が見てみますからね。ことによるとご主人の肛門のところが思っているというか、何かがあるんじゃないかと。見てみましょう」

このあと、すごいんだ。

「これがあなたのお尻《しり》ですか？　すごいね、これは。すごい毛を生やしましたね。髭《かもじ》でも取ろうってんですか？　コオロギでも飼おうってんですか？　不潔だね、こりゃ。こういうお尻を山ん中で出してると、狩人《かりうど》に鉄砲で撃たれますよ」

いいギャグだねぇ。

「見てみましょう」ってんで、お尻の中へ筒を入れて覗《のぞ》くと、

「わああーーー」

先生駆け出しちゃった。奥さん追っかけてきて、

「先生どうしたんですか？」

「驚きましたね、お宅のご主人のお尻の穴を覗いたら、向こうからも誰かが見てました」［＊34］

とにかく、バカバカしい。これとさっきの、

「どんなわけがあったか知らねえけど、こんな結構な世の中に死のうてえのは、よくせき（よくよく）のことがあったに違《ちげ》えねえ。どうでい兄《あに》ぃ、話しちゃくれねえか？　三人寄りゃ文殊《もんじゅ》の知恵、膝《ひざ》とも談合、いい思案が浮かばねえ限りもねえし、しゃべっただけで楽になるってこともあるよ」

「ありがとう存じます。お言葉に甘えてお話をいたします。私、新川新堀《しんかわしんぼり》、鹿島《かじま》

［＊34］志ん生『義眼《ぎがん》』の一節。

屋《や》の若い者で幸吉《こうきち》と申します」
「ほう、鹿島屋さん」
「ご存知ですか」
「知ってらぁな、酒問屋だろ」
「はい」

違うでしょ？　「覗くと、〝わああーーー……向こうからも誰かが見てる〟」と。

でも、これら両方できるのが「名人」なんだけどね。軽い噺もできる。
だけど、どっちかというと、そういう噺のできるほうが「名人」とされる。
〝そういう噺〟っていうのは今言った通り、
「橋間ぁ三つ目、ドボン」ていうのができるのが名人。

「よく言うな。お前なんぞ、俺の灸《きゅう》を据《す》えたら、飛び上がってな、天井破っていなくなっちゃうぞ」
「驚いた」

「驚いちゃ首かしげてやがる、こん畜生、蓄音機の犬！」

いいねぇ。〝蓄音機の犬〟なんぞ堪《たま》らねえ。ビクターの犬、若い奴はわかんないだろうけど、まあいいや。

「どこ行くのどこ行くの、どこぉ行くのぉーー！」

「大きな声をしやがる、こん畜生。手前ぇ、俺は鼻の頭の前にいるんだ。船を見送るような声で……」

上手いねぇ、「船を見送るような声」なんてのは。これが私の好きな（志ん生の）落語なんですが、一方に人情噺がある。

### 三遊派と柳派

人情噺は誰が上手かったか。

明治以降といいますか、江戸時代から落語はありますが、いろいろ寄席ができた。ついでにいうと、講談のほうが繁盛した。講談というのは歴史を語る、こっちは人情というかな、庶民の人間性というか事柄、いろいろ喜怒哀楽を含めて語る。


［＊35］初代三遊亭円朝（さんゆうてい・えんちょう）。本名出淵《いずぶち》次郎吉、一八三九（天保10）～一九〇〇（明治33）年。一八四五（弘化2）年小円太《こえんた》で初高座。父の師匠二代目三遊亭円生《えんしょう》に入門、一八四九（嘉永2）年二つ目に昇進。一八五五（安政2）年三遊亭円朝と改め真打ちに昇進。多くの創作落語を発表、「落語界中興の祖」といわれる。残した数多くの創作人情噺は一九二七（昭和2）年発行の『円朝全集』に収録されている。

［＊36］二代目三遊亭円生（さんゆうてい・えんしょう）。本名尾形清治郎、一八〇六（文化3）～一八六二（文久2）年。初代三遊亭円生の門下で初代竹林亭《ちくりんてい》虎生《こしょう》、三遊亭花生《かしょう》を経て初

常識を守る人情噺と、人間の業というか情、人情の「情」ではなくて、本当の人間を語るもの。もちろんミックスもあります。〝両方できる芸人をよしとする〟と言いましたよね。その中で、これが上手い、そして創作力もあったということで三遊亭円朝《さんゆうていえんちょう》［＊35］。「落語界中興の祖」と言われている人です。

ちなみに「三遊亭」と言います。その前にも「三遊亭」はもちろんあった、円朝にも円生《えんしょう》［＊36］という師匠がいたくらいですから。その円生にも師匠がいたんだろう。

とりあえず三遊亭は「三遊派」と称して円朝一派が繁盛する。それに対して談《だん》洲楼燕枝《しゅうろうえんし》［＊37］、柳家小《やなぎやこ》さん［＊38］なんてのが出てきて、「柳派」と称する二つの協会というか会派があったと思ってくれればいい。

それらを統一して円朝が一番上手かった。柳派に言わせれば「冗談言うない、うちの燕枝師匠のほうが上手いや」なんて、これはまあ身びいきと言うか、嘘をついたって駄目ですよね。「冗談言うない、そういう人情噺は談志より円鏡のほうが上手い」って、これは誰も信用しやしませんよ。円蔵のことですがね。だからそれを言えたというのは、そっちにも名人がいたんでしょう。

名人とはどんなものか、さっき言ったようにテクニック。円朝が上手かったというし、もちろん創作が山のようにあった。その後、その円朝の作品を自分流に

代立花屋《たちばなや》円蔵、一八四一（天保12）年ごろ二代目三遊亭円生襲名。門下に初代三遊亭円朝。

［＊37］初代談洲楼燕枝（だんしゅうろう・えんし）。本名長島伝次郎、一八三八（天保9）～一九〇〇（明治33）年。初代春《しゅん》風亭柳枝《ぷうていりゅうし》門下で、春風亭伝枝《でんし》から初代柳亭燕枝《えんし》となり、のちに談洲楼を名乗った。

［＊38］三代目柳家小さん（やなぎや・こさん）。本名豊島銀之助、一八五七（安政4）～一九三〇（昭和5）年。初代柳亭《りゅうてい》燕枝門下で燕花《えんか》。二代目禽語楼《きんごろう》小さん門下で柳家小三治《こさんじ》から三代目柳家小さんを襲名する。

消化してやった円喬《えんきょう》［＊39］。

私の会ってたわずかな明治の人たちに聞くと、落語通の小島政二郎《こじままさじろう》［＊40］先生はじめ、みんな、落語家じゃ文楽《ぶんらく》［＊41］、志ん生、すべて含めて「円喬でしょうね」と言った、この名人。

その代わりポピュラリティがありませんから、客がある程度入っていて円喬が出てくると、スーッと帰っちゃう。で、ボソボソボソボソ言ってるんだって。それで〝大体決まったな〟となると、〝さぁ来い〟って噺に入ってくるというんです。

途中に上がったときなんかはね、後に上がる奴がいなくなっちゃう。「これだけの芸人は出ませんね」ということを、客がザワザワと話をしている。そういったエピソードがあるくらい〝上手かった〟という円喬。

で、そのころ円喬を含めて、円朝の弟子の円生［＊42］、円右《えんう》［＊43］、円左《えんさ》［＊44］、小円朝《こえんちょう》［＊45］、そして柳家小さん（三代目）、そういう滑稽噺《こっけいばなし》を含めた「落語リアリズム」ができる人たちを「これが落語なんだ」と言っていたところに、薩長土肥《さっちょうどひ》が入ってくる。

［＊39］四代目橘家円喬（たちばなや・えんきょう）。本名柴田清五郎、一八六五（慶応元）～一九一二（大正元）年。三遊亭円朝門下で朝太《ちょうた》から円好《えんこう》。一八八七（明治20）年四代目橘家円喬を襲名し真打ちに昇進。

［＊40］小島政二郎（こじま・まさじろう）。小説家、一八九四（明治27）～一九九四（平成6）年。著作に『わが古典鑑賞』『円朝』『鷗外・荷風・万太郎』『場末風流』などがある。談志とは芸談を語り合う仲で、対談の録音も残っている。

［＊41］八代目桂文楽（かつら・ぶんらく）。本名並河益義、一八九二（明治25）～一九七一（昭和46）年。通称は住んでいた町か

## 「四天王」の出現

幕府が瓦解して薩長土肥はじめ、全国から江戸へ江戸へと、東京へ東京へと出てくる。八百八町が十五区に変わった、あの東京に出てくることによって、こういう人たちが娯楽を求めていった。

さあそこで、

「山谷堀からお客が四人も……」

「雪を口の中に入れながら倒《こ》けつ転《まろ》びつ逃げていく。後ろから追いかけてくるお熊《くま》が火縄に火を付けながらピタッと狙《ねら》いを……」[＊46]

こんなこと言ったたって、わかりゃしない。

「下谷《したや》の山崎町《やまざきちょう》を出まして、あれから三枚橋《さんまいばし》から上野広小路《うえのひろこうじ》、新黒門町《しんくろもんちょう》から御成《おなり》街道《かいどう》をまっつぐに五軒町《ごけんちょう》へ出る。当時、鳥居丹波守《とりいたんばのかみ》様というお屋敷の前を通るってえと、須田町《すだちょう》、鍋町《なべちょう》、乗物町《のりものちょう》。今川橋《いまがわばし》を渡って本白銀町《ほんしろがねちょう》へ出ます。石町《こくちょう》から京橋《きょうばし》を渡るってえと……」[＊47]

こんなの、わかりゃしねえやね。

ら「黒門町」。一九〇八（明治41）年初代桂小南《こなん》に入門。小南が大阪に帰ったため旅芸人になり、名古屋、京都、満州などを転々とする。その後東京へ戻り翁家《おきなや》さん馬《ば》（のちの八代目桂文治《ぶんじ》）門下を経て五代目柳亭左楽《さらく》門下となり、翁家馬之助《うまのすけ》で真打ちに昇進する。一九二〇（大正9）年八代目桂文楽を襲名する。落語協会の三代目、五代目の会長（一九五五〜五七年、一九六三〜六五年）をつとめる。

[＊42] 四代目三遊亭円生（さんゆうてい・えんしょう）。本名立岩勝次郎、一八四六（弘化3年）〜一九〇四（明治37）年。三遊亭円朝門下。鯉朝、小円太、三代目円喬を経て、四代目三遊亭円生を襲名。

〝だから〟ってえと、バカバカしいのが出てきた。「四天王」がいましてね。万橘《まんきつ》［＊48］、赤い手拭《てぬぐ》いを頭に巻いて、手に持って、尻《しり》っ端折《ぱしょ》りして、「ハラハラハッたら、ハラハラハ」と演った。グァングァン、ウケた。「ヘラヘラヘッたらヘラヘラへ」「だいこ（大根）が煮えたら軟らかだ」……なんだこれ、いったい。ヘラヘラの万橘。

円遊［＊49］は、落語を演ってたな。これは今聴いても面白い。録音や文章が残ってます。けども、どっちかというと、人情噺じゃなくて滑稽噺。噺の中で立ち上がって踊るんだ。昔から寄席では立ち上がらない。踊ってもそうです。中腰で踊ったらしいですね。難しいよ、中腰で踊るっていうのは。座って上半身だけじゃないですから。

で、立ち上がったら客がハッと驚いた。非常識というか、常識を破った。尻っ端折りをして半股引《はんももひき》を穿《は》いて、踊った踊りが、こんなことやりやがる（両手を頭上で動かす）。なんだかわかんない。

これを「ステテコ」と言った。半股引のことをステテコと言いますよね。これは円遊の踊りからきている。円朝の弟子です。

で、もう一人が「ラッパの円太郎《えんたろう》」［＊50］。上がるまで寄席には名前はないし、誰が出てるかはわかるけどプログラムはないから、知ってる人じゃないと誰

［＊43］初代三遊亭円右（さんゆうてい・えんう）。本名沢木勘次郎、一八六〇（万延元）～一九二四（大正13）年。一八七二（明治5）年ごろ二代目三遊亭円橘《えんきつ》に入門。一八八二（明治15）年三遊亭円右と改名

［＊44］初代三遊亭円左（さんゆうてい・えんさ）。本名小泉熊山、一八五三（嘉永6）～一九〇九（明治42）年。三遊亭円朝に入門。一八八五（明治18）年ごろ三遊亭円左を襲名。

［＊45］二代目三遊亭小円朝（さんゆうてい・こえんちょう）。本名芳村忠次郎、一八五七（安政4）～一九二三（大正12）年。一九〇五（明治38）年二代目三遊亭小円朝を襲名。

だかわからないんだよね。上がり囃子《ばやし》もないしね。誰それの上がり囃子だから、とかわからない。

そのときに、当時流行《はや》っていた「ガタ馬車」という乗合馬車が、プップーとラッパを吹いた。それを楽屋からプップーと吹いて上がっていったんで「ラッパの円太郎」。のちにガタ馬車のことを「円太郎馬車」と呼んだ。これも寄席からきたんですよね。

で、もう一人が立川談志［＊51］なんだ。「初代」と言ってるけど、初代じゃないらしい。もちろん私じゃないですよ。さっきの『二十四孝』というのを演るんです。

「郭巨《かっきょ》という人がいてな、貧乏で母親に食べさせるものがないから子供を埋めて……」

昔は子供をお殿様に差し上げて食わしたり、中国には人肉食の習慣がありましたからね。いい塩梅《あんばい》に日本には入ってこなかった。あれと纏足《てんそく》、ジェノサイド、大量殺人。ああいうのは入ってこなかった。

子供を埋めようとして、ガチッと触ったものがある。金の釜《かま》。一塊《いっかい》という意味ですね。「天の感ずるところ……」、これなんですよね。それをもじって、羽織を

［＊46］落語『鰍沢《かじかざわ》』の一節。

［＊47］落語『黄金餅《こがねもち》』の一節。

［＊48］初代三遊亭万橘（さんゆうてい・まんきつ）。本名岸田長右衛門、一八四七（弘化4）～一八九四（明治27）年。三遊亭円朝門に入り万朝、のち二代目三遊亭円橘《えんきつ》門に移り三遊亭万橘を名乗る。

［＊49］初代三遊亭円遊（さんゆうてい・えんゆう）。本名竹内金太郎、一八五〇（嘉永3）～一九〇七（明治40）年。一八七二（明治5）年ごろ三遊亭円朝に入門し円遊を名乗る。「ステテコ踊り」が評判になる。一八八〇（明治13）年真打ちに昇進。斬新なギャグを取り入れ、時代を描写した

裏返しに着て、座布団《ざぶとん》を子供代わりにして抱いて、
「この子があっては孝行ができない。テケレッツのパーパッ」
って言うんだとさ。これが俺の始祖というか、ずっと伝わってきた上だと思うと情けないね。「志を語る」なんて威張ってるけど、「この子があっては孝行ができない。テケレッツのパーパッ」。「釜掘《かまほ》りの談志」って言われたんですね。「かまほり」ったってあっちじゃないですよ。

## 盛り返した名人

こういう四天王たちが、寄席を席巻《せっけん》しちゃったわけだ。それで昔で言う落語リアリズムの上手い人たちが脇に追いやられたのを、そのころの通人《つうじん》、または文学者、劇作家、批評家を含めて、具体的に言うと、岡鬼太郎《おかおにたろう》［＊52］とか、ビートたけしとか、ポール・ニューマンとか、そういうのが集まってですな、落語研究会というのをやった。

余談だけどそのときに初めて、噺家が袴《はかま》を穿くんだよね。一応偉い先生の前だから。噺家はそういうところが弱いんだよ。俺みたいに威張ってる奴ぁ初めて出

新作で人気を得た。

［＊50］四代目橘家円太郎（たちばなや・えんたろう）。本名石井菊松、一八四五（弘化2）～一八九八（明治31）年。三遊亭円朝門に入り万朝から円好《えんこう》となり、さらに名跡橘家円太郎を名乗る。

［＊51］四代目立川談志（たてかわ・だんし）。本名中森定吉、生年未詳～一八八九（明治22）年。二代目桂才賀《さいが》門下で才二郎、のち六代目桂文治《ぶんじ》門下になり、文鏡《ぶんきょう》から四代目立川談志を襲名する。『郭巨《かっきょ》の釜掘り』を十八番とし「釜掘りの談志」といわれる。

［＊52］岡鬼太郎（おか・おにたろう）。作家、評論家。一八七二（明治5）～一九四三（昭和18）年。新

てきたわけ。「呼んでこい、総理大臣でも」って実際にやりかねないですからね。向こうは来やしませんけどね。

　それで盛り返して、両輪というかな、人情噺ができて滑稽噺もできる名人が出てくる。

　リアリズムでは滑稽噺に近い内容なんだけども、例を一つ挙げますと、『碁《ご》泥《どろ》』。碁を打ってるところへ碁の好きな泥棒が入ってくる。そういう落語なんです。

　荷物を〝どっこいしょ〟と持っていると、パチッと音がする。碁が好きな泥棒だから、スーッとそこへ入ってきて見てる。

　やってるほうは夢中だから、

「えー、うーん。さーてさてさてさてさてと……こう、いきますかな」

「あー、きましたな。さてさてですか。さてさてと。えー……？（泥棒のほうを見上げる）あぁ、う～ん（碁盤に目を移しながら）、見慣れない人が来てますね（と碁石を置く）」

「（碁盤を見ながら）見慣れない人が来てます、は困りましたな。あー、見慣れない人が来ましたか、見慣れない人がね。じゃあ私もここへ、見慣れない人が来て

聞の演芸記者として活動し数多くの評論を残す。『鬼言冗語』などの著書がある。

ます、といきますかな」

「んー……（上を見る）、（碁石を置きながら）大きな荷物を……しょってますね」

「大きな荷物か。じゃ私も大きな荷物へ……」

つまりここで、客を引きずり込む。三代目小さん。

「大きな荷物へ、いきますか」

「はぁ……？（碁盤を見たあと上を見る） あなた、どなたです？」

「……泥棒です」

「あ、泥棒……驚いたなこりゃ、（碁盤に碁石を置こうとしながら）泥棒、泥棒か。泥棒さん、よくいらっしゃいました（碁石を置く）」

と、こういう落《さ》げなんです。

円喬が三代目小さんの『碁泥』を聞いて、「こりゃあ上手《うめ》えや」と言ったという。お互いにその技量、落語におけるテクニックの上手い拙《まず》いをわかっていたんでしょうね。

で、その名人の系譜を継いだ円喬。その後に五代目円生［＊53］とか、八代目桂文治［＊54］とか、いろいろいて、昭和はやっぱり、

「してからに、まあお前さん、なんぞってえと表へ集まってくる。〝今やろうじゃないか〟なんてなことになりましてな……」


［＊53］五代目三遊亭円生（さんゆうてい・えんしょう）。本名村田源治、一八八四（明治17）～一九四〇（昭和15）年。一九〇五（明治38）年四代目橘家円蔵門下に入り橘家二三蔵《ふみぞう》を名乗る。一九〇九（明治42）年小円蔵《こえんぞう》で二つ目、一九一二（明治45）年三遊亭円窓《えんそう》と改め真打ちに昇進。一九二二（大正11）年五代目橘家円蔵、一九二五（大正14）年五代目三遊亭円生を襲名する。

この円生師匠（六代目）が、昭和の名人ということ。作品の量も多いし、人情噺から滑稽噺から、くっだらねえ噺から、とにかく全部、〝上《じょう》の部《ぶ》〟に出来上がっているんです。テクニックも内容も。そして、ふっとした、〝この師匠らしくない〟と表現してもいいくらい、間抜けな部分をボンと出すんですね。面白い。名人ですね。

## 系譜を背負った志ん朝

その名人の系譜を背負《しょ》ってたのが、亡くなった志《し》ん朝《ちょう》［＊55］。私はクレージーのほうへ行っちゃいましたからね。非道徳、不道徳のもっと奥にあるわけのわからない、そこまで行っちゃってますからね。

「お前《め》ぇの家《うち》の縁の下に飼ってたキリン、どうした?」

「とっくりのセーター着るのが嫌だからって、家出しちゃった」

「どこ行ったの」

「知らねえ。地下鉄の入り口に立ってるの、見た奴がいるけどね。ベレー帽かぶってたってさ」

「ほう、宮内庁かねえ」

［＊54］八代目桂文治（かつら・ぶんじ）。本名山路梅吉、一八八三（明治16）〜一九五五（昭和30）。一八九八（明治31）年六代目翁家《おきなや》さん馬《ば》に入門。一九一三（大正2）年七代目翁家さん馬を、一九二二（大正11）年八代目桂文治を襲名。落語協会二代目会長（一九四七〜五五年）。

［＊55］三代目古今亭志ん朝（ここんてい・しんちょう）。本名美濃部強次、一九三八（昭和13）〜二〇〇一（平成13）年。一九五七（昭和32）年父である五代目古今亭志《し》ん生《しょう》に入門、朝《ちょう》太《た》を名乗る。一九五九（昭和34）年同名で二つ目、一九六二（昭和37）年古今亭志ん朝を襲名、真打ちに昇進。十代目金原亭馬生《きんげんていばしょう》の弟。

「宮内庁行くなら、納豆持っていくのを持っていかなくて、ライスカレー食ってた」

わけのわかんないところへ持ってくとウケるんだ、これが。

まったくつながってない。クレイジーですよ。落語という傘の下に入ってるから俺はクレイジーとは思われないけど、やがてそれでも認められないような世界に俺は行っちゃうような気がする。

今が最後。♪これが最後の談志の便りぃ……本当ですよ。

で、両方できた円生、志ん朝。

志ん朝の場合は〝志ん朝リズム〟でしゃべって心地いいけども、そこそこは上手いけども、

「（碁石を置きながら）泥棒さんですか」と、こういう序破急《じょはきゅう》を含めたのはできない。

志ん朝がやれば、

「泥棒さんですね、泥棒さんは弱ったね、こりゃ。泥棒さん、よくいらっしゃいました」

と、こういうようなメロディでしゃべる。それが華麗でよかったんですがね。

志ん生が、描写が上手い名人に憧れて演るんだけど、酷《ひど》いもんなんだ。『子別れ』なんぞは、あるいは『芝浜《しばはま》』なんぞは。財布《さいふ》を海から拾ってきてね、「この金を懐に入れていいものやら、悪いものやら」「天に背くというか、二つに一つのこの道を」なんて、志ん生らしくない。「こういうお尻を出していると、狩人に鉄砲で撃たれますよ」なんて言ってる志ん生らしくない。

だけど、志ん生師匠もそっちを望む。両方できないと名人といえない、特に人情噺ができないと……という風潮、習性が落語界にあった。彼も随分悩み、挑戦したんでしょう。

この「名人の系譜」、テクニック的なものは私もできるし、うちの弟子の談春《だんしゅん》はうまくいって、一応現代では名人芸のスタイルに入る方の落語を演じているんじゃないですか。そういうのを演じられるのが、いないですよ。できるわけないでしょ、小遊三《こゆうざ》だとか木久蔵だとかに。

**談志はどっちか**

さぁ、もういっぺん言います。「まとめ」というんですかね。

落語の内容について、人間の「業」を肯定する落語ではあるけども、しかし一般の人たちも入ってくる。したがってそこで、ある意味においての「常識」の部分を強調することも大事だということになりまして、常識を謳歌する。基本は親子の情であるとか、夫婦の愛であるとか、そういうもの。それらが上手くいかないと名人芸と言われなくなってきた。なぜならば内容的にテクニックが非常に難しい。煩雑。そういう意味において、「これができないと名人芸ではない」と言われていたと。〝できない性格〟の人もいるんです。

で、滑稽噺をやっても、そういうテクニックがついてこないと、

「何だ、あいつの落語はチャランポランじゃねえか」

てなことを言われて、テクニックが非常に大事にされた。そのテクニックのバックにある「江戸趣味」とでもいいますかね、それが明治期の瓦解で、薩長土肥、全国から入ってきて滅茶苦茶になったところに、爆笑王が現れた。どっちかというと私の演っている「非道徳」を含めて、〝話術なんぞ二の次だ〟と、〝面白けりゃいいじゃないか〟というのが繁盛してきた。中には珍芸、奇芸、「テケレッツのパーパッ！」とか「ラッパのプップー」とか「ヘラヘラへったらヘラヘラへ」ってのが出てきた。

〝これじゃあ困る〟というので、落語研究会というのを作って、往年の人情噺、または滑稽噺でも、テクニックの上手い、江戸の流れをつなぐ、明治の流れを伝

えている、という人たちにスポットを浴びせようとしてやった。

無理したわけですね。それが今両輪となって残ってきて落語界がある、ということなんです。

談志はどっちにいるかというと、こっち（名人芸）にいたときもある。とにかくテクニックは上手かった。滑稽噺にしろ、人情噺にしろ、どっちにしろ。やがては、そこに入らない「人間の本当の業」、フロイトの「エス」、そういうものが私の落語にどんどん出てきて、正常な奴が見たら〝クレイジー〟としか言いようがないようなものに近づいていきて、やがて自分自身でもそれを抑えられなくなってくると、さっきの「キリンの家出」どころの騒ぎじゃない。もっとわかんないことを言い出すかもしれない。

前もね、新橋の演舞場っていう、一応歌舞伎や芝居や何かをやる、そこへ出た。いっぱい入ってた。みんな見に来た。上がって開口一番、ここでは言えない言葉だな、「○△□×」（口パク）って叫んだ。金正日万歳《キムジョンイルマンセー》！

なぜ俺はこんなことを言ったのか。わかんなかったら下にスーパーインポーズ出してやろうか。出してもしょうがねえけど。私の中にある「業《ごう》」が、落語を聴きに来たんじゃなくて、歌舞伎座とか演舞場とかに代表されるそういうところへ来て、そこで笑いも含めて納得しようという客に無性に腹が立ったんだろうな。

せ」と。

「ふざけんじゃねえよ。ケツの穴覗いて〝ヴァー〟って言ってる稼業だぞ俺は」と。これを、大人げないから大人にするならば、上手に、「行ってらっしゃいま

「女将《おかみ》さん、行ってまいります」

「行ってらっしゃいませ」

船頭は、舳《みよし》に立って竿《さお》をぐいと一本張るときに、宿屋の女将が船べりに手ぇかけて「ご機嫌よろしゅう」と押してくれるのは、何の多足《たそく》にもなりゃしないが愛《あい》嬌《きょう》のあるもんで。

船は山谷堀から大川へ出。真っ暗な雪空、数千万の虫が舞うように体にまつわりついてくるこの雪の寒さ

「ふぅー、寒くなってきた。山から小僧が泣いてくるって、船頭が泣いてくるわな。

お客さん、どうです？」

「うん、うん」

「何が〝うん〟だってやがるあの野郎、まったく。

あの、炬燵《こたつ》がぬるいようでしたら炭団《たどん》の頭ぁどやすってえとね、赤いところが

出て暖かくなります。……どういたしまして。

こんな世辞を言うのも、酒手《さかて》が欲しいからだ、こん畜生め。出せっ」

これは『夢金《ゆめきん》』という落語なんですがね。つまりこういうリアリズムを含めた両方できるのをこれから「名人」と言うべきじゃないか。つまり私だよ。まあ俺だよな。言い過ぎだとしたら、俺的な要素を持ってる、それを演じて客にそこそこ納得させている者を名人の系譜に入れるべきなんだろうな。

〝いい〟〝悪い〟なんて私は一切言わない。落語家だし、談志だし。人によって見方が違うから。けどそれを〝いい〟と言わないと、俺自身の人格がガタガタになってしまうから「俺の落語はいいもんだ」と立川談志が決めてるんだよ。

だけどこの決めた奴がクレイジーなんだから、己のクレイジーを納得させるために、どんどんどんどんクレイジーになっていくんです。「ここで、もうよしな、この辺のクレイジーで止めとかないとえらい目に遭うよ」とね。

「先生、十三号室の患者が大分よくなりました」

「そうか、どんな患者なんだ」

「〝俺はルイ十二世だ〟と言っている……」

「ああ、あれか。どうよくなったんだ」

「昨日から〝ルイ十三世だ〟と言い始めました」

このぐらいだったら、〝向こうのクレイジー〟を〝こっちで見て笑っている〟からいいんだ。ところがなんだかわかんなくなってくるんだ、俺の場合は。クレイジー同士がしゃべるんだからね。

「やがて日本の夜明けには蚊取り線香を焚《た》いて、富士山の上で逆立ちですな」

「やっぱりその日は、七夕《たなばた》がいいでしょうね」

「七夕か。〝棚ぼた〟ってのがありますね」

「ありますよ、九州の酒でしょう」

「そうそうそうそう」

「四国の連絡船があるところで。船があそこで沈みましたね。十二艘《そう》と二分の一」

「そう、二分の一沈んだところへ、あそこへしがみついて、〝助け給《たま》え、天理王命《てんりおうのみこと》〟と叫んだあの男が今代議士になるそうですね」

「なるほど、してみるってえと、大仁田《おおにた》は……」

と、こういうふうになってくる。面白いでしょ？　聞いてると。バカバカしいけど。

だから私の中では、人情も時々演りますけどね。〝自分自身も納得〟は、観客もそれを求めているということにいくらか妥協しないと、クレイジーになる度合いが早すぎちゃうから、両方を混ぜてやってるんですけどね。

## テクニック完成、そのあとは

話を戻すと、「名人の系譜」というのは、円朝、弟子の四代目円生、円喬、その後へきて、こないだの……といっても結構前になりますが円生師匠、「してからにお前さんは」と言った、あの三遊亭円生（六代目）の父親、といっても義理の父で自分の母親の連れ合いなんですけど、五代目円生、「デブの円生」、それから桂文治（八代目）であるとか。

私は、円生（五代目）は知らないんだけど文治（八代目）は知ってるんです。テクニックが上手いんです。例えば『祇園祭《ぎおんまつり》』を演って、京都弁と東京弁と大阪弁が混ざり合いながら、

「えらいもんですな、東京は。あれは江戸やなくて〝へど〟やな」

「何をこの野郎、〝へど〟だ？　冗談言うない、江戸へ来てみろい」

「まぁまぁ、喧嘩せんでええわ、話をしまひょ」

　この三体を上手に語りながら、京都の〝ドンドンチキチン、ドンチキチン〟という祇園囃子《ぎおんばやし》と、

「テンテンテンテンテンテンツクツクドンドン、テンテンテンテンテテツクテテツク、ピーヒャラピーヒャラツテテンテン、デンドドデンドド」

「えろう唾《つばき》のかかる話を……」

　これを使い分けていて「名人だ」と言われたんだけど、さぁ今度は名人、テクニックだけを追いかけてきちゃった。完成しちゃった。

　さぁすることがなくなっちゃった。で、悲劇になっちゃった。どういう悲劇かって言うと、変な奇声を上げたりね。〝何言ってんだ、この師匠は〟と思ったくらい。


　遊びに行って出てきた女、すごい訛《なまり》があって、

「お前の生まれは、どこだ」

「越後《えちご》の小千谷《おぢや》どすえ」

「越後の小千谷？　それでおいらが縮み上がった」

〝なんじゃいな、これは一体〟と思う。

そういうところへ、また違う方法で入っていっちゃう上手い人がいる。具体的には、前の金馬師匠［＊56］なんですけどね。

これね、「芸術というのは何なんだろう」「何を語るのが落語なのか」という、そういった分解をする癖《へき》も知恵もなかった。それを解説する評論家もいなかったんですね。ただ神経で〝これはいい〟とか、〝これは駄目だ〟と言う。これ、よくわかるんですけどね。

「〝これはいい〟というものがそこまで行っちゃってどうにもならなくなった」ということに対する、批評家のアドバイスも大事だったんだろうけど、それをした人間、私が今日まで五十数年やってるあいだに一人もいない。福田和也《ふくだかずや》に望みをかけています。我々の後輩たちを助けてくれるんじゃないのかなと。

まぁそんなことを感じて、雑談的な行為とでもいうか、一時間、三回目としてしゃべったわけなんですけどね。

今度は逆に「爆笑王」の系譜、人情を語るのに対して〝締める〟というか、〝人情もあるもんか、笑わしちまえ〟。

「大変なんですよぉー、ほんとにもう大変なんですから。隣の家のよし子さん、

［＊56］三代目三遊亭金馬（さんゆうてい・きんば）。本名加藤専太郎、一八九四（明治27）〜一九六四（昭和39）年。最初は講釈師を目指したが、一九一三（大正2）年初代三遊亭円歌《えんか》に入門し落語家に転向、二代目三遊亭歌笑《かしょう》で二つ目に。一九一九（大正8）年円洲《えんしゅう》となり、一九二〇（大正9）年真打ちに昇進。一九二六（大正15）年三代目三遊亭金馬を襲名する。

みんな、よし子さんなんですから、ほんとにどうもスイマセン」という三平（初代）を含めた、「爆笑王」といってもいいでしょうね、この笑いのモンスターたちの素顔に……、

「素顔に迫ってみまするか！　さて次回のお楽しみ！」（講談調で）

ということで、ヒゲがそろそろ剝《は》がれてきそうですから、この辺にしときますかな。どうも！

# 第四回

# 爆笑王

## 野暮とは何だ

オッス。どうした？　女がいなくなっちゃった？　ほうほう、株が下がっちゃった。家が焼けちゃった。ざまぁみやがれ。え？　それで保険屋に行ったら切れてた？　おまけに二日酔いだと？　ざまぁみやがれ。そこ行くと俺は、もう大変だよ。クラブなんぞ行ったって女が寄ってきて「帰さないわよ！」って。「勘定払わないうちは」……。そういうくだらないジョークがあったんですけどね。

ジョーク聞かせようか。俺が大好きなジョークなんだよね。

「竹屋《たけや》ぁー、竿竹《さおだけ》ぇー」

「金玉のねえ奴《やつ》が通るぞ」

「え？」

「竿だけぇー」

くだらなさもここまで来ると、〝さぁどうだ〟ってことなんだよ。〝やりゃあがったな〟ってことと、〝上手《うま》いな〟ってことと。

で、今日はひとつ、「爆笑王」という、笑いの量を誇る、いや誇った芸人たちの話をします。

ついでに言うとね、落語なんてのは、聴いて「面白《おもしれ》えや」とか「面白くねえや、この野郎」とか、それだけなんだよ。もっと言うと、日本人の生活はそれなんです。

後は江戸時代の場合、そこへ流れていた日本人の持つ戒律とでも言うのか。島国で、一神教という戒律もないのに教育のレベルが高い。浮世絵によく、町中や橋の袂《たもと》に掲示板みたいなものがあるじゃないですか。それを後ろのほうから馬子《まご》が見てますよね。てことは、読めるんだな。もちろん無筆《むひつ》もいたろうけどね。ちなみに現代で言うと、ガード下に引っ繰り返ってるホームレスが週刊誌読んでるなんて、こんなレベルの高い国はないからね。

向こうは引き算ができないでしょ、てことは習慣がないでしょ。我々が例えば九十七円のものを買う場合、百円と「あ、七円あるよ」と言って百七円出す場合がある。七円出すと十円のお釣りですむっていう引き算の発想がある。向こうはねえわな。今はどうなってるか知らないけども、少なくとも私の知ってる限りではなかったね。

そのぐらい、つまり日本は一般的な者でもレベルは〝上〟だ。もっとも、五桁《けた》の暗算ができるインドだかどこだか、そういうところもあるけどね。

その〝上〟の連中が、寄席の客だ。日本の中では〝上〟ではないかもしれない

ね。士農工商の職人や商人が来て聴いてるのが寄席。と、くどいようだけど、

「あっ、これは駄目だ。聴いてらんねえ」

「おっ、いいよ、こいつ」

そういう基準を、この講座みたいに論理分解している、論理分析らしきことをしているというのは最も野暮《やぼ》なんだよ。

〝野暮とは何だ〟というと、この場合は〝日本教［＊57］に反する〟ということです。

話があっち行ったりこっち行ったりするけど、向こうは議論が好きです。もっとも、いろんな国から集まってきてお互いに戦争したり何だりして、一緒になったり離れたりしてる。わかりやすく言やぁ、アメリカみたいな国は説明しなきゃわからない。そういう実情に合った方法が結果的にそうなったのか、もともと理屈っぽい連中が集まっていったのか、その両面があると思うんですけどね。

少なくも、日本人、もっと言うと、わかりやすく言やぁ、目ぇパチパチしてる知事がいるだろ？　「ノーと言える日本人になれ」と言う。あのね、「ノー」と言えないのが日本人なんだ。言わないのが日本人なんだ。

それで、〝ＷＨＹ〟〝なぜ〟がないんです。

親が子供に小言《こごと》、注意をする。今はあまりない会話だけども、

［＊57］評論家・山本七平による造語。日本人は無自覚のうちに日本教という宗教を信仰している、と唱えた。

「お父さんが怒ってるの、わかんないの？　あんた」

「なぜ、ホワイ？　なんで怒ってるの？」

「お前はお父さんが怒ってることがわからないかい？　そんな子じゃないはずだよ」

「うん」

今度はお父さんが、

「〝うん〟はいいけど、これからどうやって直すの？　どこをどういうふうに矯《きょう》正《せい》するの？」

と言うと、今度は母親がお父さんに、

「お父さん、この子謝ってるじゃないの」

と、これだ。

つまり、以《い》心《しん》伝《でん》心《しん》。〝俺の目をみろ　何んにもゆうな〟星野哲郎（「兄弟仁義」星野哲郎作詞）、〝貴様と俺とは　同期の桜〟……山本七平［＊58］先生の言う「日本教」。「日本教」の中で寄席の笑いも判断してたんです。

「談志がこんなこと言ってる」

「あれは違うよ。馬鹿だよ、あんなもの。落語を分解したりなんかしてるんだろ？　いきがりやがってあいつ。駄目だ、あんなもの」


［＊58］山本七平（やまもと・しちへい）。評論家。一九二一（大正10）～一九九一（平成3）。日本社会・日本人の行動を分析し多くの日本論を著した。

こうなる。それよりも、「文楽《ぶんらく》の芸は粋《いき》ですね」とか、「聴いてると冬の夜寒《よさむ》が深々《しんしん》とくるような……」とか、「あの暑い盛りの噺《はなし》を本当に上手く……」。

そういうことなんです。「粋じゃねえか、おい。野暮なこと言うなよ」と。だから私は、野暮なことをしてる。

**寅さんは二人称、落語は三人称**

脇道《わきみち》に離れてるように思われるから、後で言うけれども、ここでちょっとだけ触れますが、それを三人称的に落語の人物は言ってるんです。

二人称で最たるものは、フーテンの寅《とら》［＊59］がそう。最初の一本見てすぐわかりましたよ。後はもう見ない。フーテンの寅ってのはね、私の想像ですけど、いろいろ旅をしているうちにマドンナ、つまり恋人ができる。それがいろいろと変わるんでしょ？　飯田蝶子《いいだちょうこ》じゃないか、古い。とにかくまあ、浅丘《あさおか》ルリ子、もうババアだろうけど、昔デートしたことあるよ、アーワーワーワー、パッ。

それで、「俺の目を見ろ。わかってるね」って言うけど、結婚して生活するとなると、「これはどうなるの、収入はどうなってどういう家計でどういうことを

［＊59］『男はつらいよ』は、山田洋次監督の映画シリーズ。一九六九（昭和44）年、第一作公開。「フーテンの寅《とら》」が主人公。大ヒットにより長編シリーズ化し全四八作が製作された。

くる。

するの」と。寅さんには言いにくいんだね。それでみんな去っていく。去っていかないと次の話ができないって、興行上の問題もあるけど。悄然《しょうぜん》と柴又《しばまた》へ帰ってくる。

「どうしたの？　あのマドンナ」「つらいねえ」なんて。

「寅さん、こういうふうに生活設計を……」と説明をしてあげて、「〝こうこう、こうなんだよ〟と言えば、あなたに惚《ほ》れてる彼女、マドンナは、一緒になってここに来たはずだよ」。でも、寅が一言「それを言っちゃあ、おしまいよ」と、こうなってくる。

見事に二人称の肯定なんだ。山田洋次《やまだようじ》は知ってやってるのかね。知らねえんじゃねえかな。知ってやってたら、すごく悪い野郎だ。

まあいいや。いずれにしてもな、落語の場合は、あるときは珍しく三人称側になるんだ。

ちょっと話がふっとぶけど、『勧進帳《かんじんちょう》』［＊60］なんてあんなもの、観客はみんな知ってるわけだ、〝弁慶が義経を連れてる〟なんてのは。富樫《とがし》だって知ってるよな。だけどそこで〝勧進帳を読み上げろ〟なんて言われて、「我つらつら惟《おもん》みるに」てなことを言うんだろ？　「自民党は……」てなことを言う。

それで見物は、言わない。「あそこに義経がいるよ」なんて言わない。腹芸み

［＊60］『勧進帳』は歌舞伎の演目。源義経と武蔵坊弁慶主従の逃避行の一幕を描く。弁慶が白紙の勧進帳を読み上げるシーンが有名。

たいなやりとりを固唾《かたず》を呑《の》んで見ている。で、うまくいった弁慶が、喜びのあまり六方《ろっぽう》を踏んで、花道に。昔は花道じゃなくて〝芝居《しばい》〟、つまり、芝の上の客席に入っていったと、そういう話があるけどね。


「えー、なんでございますな、挨拶《あいさつ》なんてのは、どうもいい加減なもので」

「おはようございます!」

「いい天気ですな」

「いい天気ですね、暖かくなりました」

「暖かくなりましたなぁ」

「たまには家《うち》に遊びに来ませんか?」

「ぜひ、うかがいます」

「ごめんください」

「さよなら」

　なんて言って。

　これ、本当のことを言うと、喧嘩《けんか》になりかねないですよ。

「おはようございます」

「十一時、回ってるぞ。寝坊だね」

「いい天気だ」

「日が当たってるもん」

「暖かくなりました」

「ああ、五月だよ」

「遊びに来ませんか？」

「嫌だ、お前んところは汚ねえから」

「何言う、こん畜生《ちくしょう》」

となる。

この「二人称」を「三人称」として笑ってる。けど、自分の生活は二人称だということは、知っているわけです。

極端にいうと、落語家はあるときは二人称でしゃべってる八公《はちこう》、熊公《くまこう》、ご隠居さん、お殿様……落語に出てくる人物、それを使って、いわゆる三人称的な揶《や》揄《ゆ》、笑いを作っている。

余談だけど、おそらく石原慎太郎が俺と喧嘩したりするときには二人称だよ。

「この野郎、もういっぺん言ってみろ」

「何だ、この野郎、てめえ」

「うるせえな、この野郎」

いい奴ですよ。

ところが、世界が一つになってグローバルだか、ミットだか知らないけどね、そうするとそこでロジカルというか、それを言わざるをえない。〝なぜ私が黙ってるか〟ってことを、言葉で言わなきゃならないんです。

「ええ、みなさんが〝いい〟と言っていますから、お任せを」なんて言う。ついでにいうと、ロジカルにしゃべらないのを「大人」と言うんだ。「大人しい」と言う。ニコニコ笑って、「実るほど頭を垂るる稲穂かな」ですか、こうなってるのが大人。

最も大人しくないんだ、俺は。いい年こいてやがって、パァパァ言って。だけどその中に反省はあるんだ。「だらしがねえなぁ、お前、日本人だ、よせよ」と。

つまり、向こうと会話なぞする場合、〝向こう〟ってのは、この場合アメリカなんという西ヨーロッパの集大成みたいな国ね。そこでロジカルに説明しなきゃならないけど、どこかでやっぱり、それは無理なんじゃないのかな。〝無理だ〟ということに気づかないということは、どんどんギャップが広がるんじゃないのかな。といって、日本人が西洋人に向かって日本教を出すわけにはいかない。だから山本七平さんの本にあるじゃないですか。

「あの外人」……〝外人〟てのも、いい加減な言い方だよな。

「あの外人、朝顔市に行って買ってんのよね」

これ日本教に入れちゃう。相手が「なぜ買ってきたのか」と言うと、

「いいじゃないの、買ってきたんだから」

と、こうなってくる。

## 日本教は強い

世界と同じ感覚で、〝嘘《うそ》か本当か〟、例えば、〝AとBのどこに誤差があるのかを認めるために議論をする〟というのは、ないよな。〝よせよ〟とね。

ついでにいうと、小さん師匠と俺がこういうこと（落語協会を脱会したこと。当時、談志の師匠小さんが落語協会会長だった）になってね、小さん師匠は日本教だから「いいんだよ、あれはあれで」なんて言ってくれてたからよかったけど。頭下げられたら、俺はえらい目に遭《あ》ってた。

「おう、談志、グズグズ言うなよ。俺が頭下げるんだから帰ってこい」

さぁ、そのときにね、

「いや、師匠、帰るのはいいけど、師匠のその落語家としての、会長としての経

営がどうのこうのとか、師匠の落語が……」

　これ言ったらえらい目に遭いますよ。日本中からバッシングを食らいます。

「馬鹿野郎、あの小さんが弟子のお前に頭を下げてまで懇願してるのに、手前《てめ》ぇは本当の馬鹿だな」

　これを日本中でやられます。そのぐらい日本教ってのは強いんだな。それを〝グローバルにするためにロジカルにしよう〟たって、無理なんだよ。


　こういうジョークを思い出した。メトロでね、〝メトロ〟って言うからフランス。電車が混んでてね、

「足を踏んだだろ」

「いや、踏んだんじゃない、お前が足を下に入れたんだろ」

「踏んだ」

「いや踏まない。足を下に入れたんだ」

　すると周りにいる奴らの議論がおっ始《ぱじ》まっちゃった。そのうちに、終点へ着いちゃう。

「じゃあ降りて、みんなでカフェでもなんでも行って、そこで議論し合おうじゃないか」ってんで、みんな「ラ・マルセイエーズ」を歌いながら降りていって、

地下鉄の中に残ったのは踏んだ奴と踏まれた奴だけ。

## 三語楼から金語楼へ

えー、それらをバックボーン、〝今日の話のまくら〟ということにしまして、〝いいじゃないか、笑わせりゃ〟〝いいじゃないか、泣かせりゃ〟……。

俺は上手いんだ、泣かせるのが。上手いよぉ。笑わせるのも上手いよ。〝笑わねえと殴る〟なんて言うからね。

その〝いいじゃないか、笑わせりゃ〟の中で「大爆笑王」というのが出てくるんですね。

落語は元来、そんな笑わせるものじゃなかった。あんまり笑わせると、「今日は〝悪《わる》おち〟がしましたな」と、楽屋で恥ずかしげに言う。私も聞いたことがあります。「今日は〝悪おち〟してなぁ」と。

私にもありますよ。出ていくと、観客が笑う。去年あたりですよ。『芝浜《しばはま》』って落語があるんだよ。

「おお寒っ、おお寒いなぁ。何だ、寝てやがんだな」

客が笑う。

「起きてやがるのは俺と犬ぐれえのもんか。ショイショイショイショイ」

客が笑う。

客席に向かって、「そんなに面白いの？　この噺」と言った。向こうは〝笑う〟という刺激が欲しくて来ているわけ。

客が無意識に来ているのを、その刺激で爆笑の渦《うず》に叩《たた》き込んじゃう爆笑王がいた。

名前だけ挙げてみると、明治時代の、前の回に話した〝円遊〟という、〝円《まる》に遊ぶ〟で、三遊亭円遊。円朝《えんちょう》という「落語界中興の祖」の門下の一人です。円朝としては〝苦虫《にがむし》を潰《つぶ》したような〟、せいぜい言って〝苦笑〟でしょうな。「まあねぇ、うちのあれも、まぁまぁ……」とね。

上手いんですよ、落語は。面白いですよ。けども「爆笑王」。どういうことをするかというと、あまりに有名で掛け持ちが多いんで、〝客席から出てきて舞台へ上がってそのまま引っ込んで帰っちゃった〟。それで客が納得したっていうんだ。てことは、〝芸をやらなくもいいんだ〟ってことなのかもしれない。芸は面白いんですけどね。

それから、大正時代から昭和の初期まで、モダニズム、モダンが入ってきて、モダンボーイ、「モボ」だ。モダンガール、「モガ」だ。エノケン（榎本健一《えのもとけんいち》）［＊61］の歌があったね、♪俺は村中で一番、モボだといわれた男……。その連中を大いに沸かせた。〝どう沸かせたか〟っていうと、舶来の英語を使った。今聞いてると、その英語の使い方が面白いんです。

柳家三語楼《やなぎやさんごろう》、その三語楼の笑いの系譜が柳家金語楼《きんごろう》、ちょっと違うけど、柳家《やなぎや》三亀松《みきまつ》［＊62］なんていう音曲《おんぎょく》の名人がいたり。

これはわかるだろうけど、古今亭志ん生《ここんていしんしょう》、「えぇー、どうもぉー」っていう、あの志ん生。そして私が好きだった、愛してやまなかった柳家権太楼《ごんたろう》。

「金坊《きんぼう》、お父《とっ》つぁんとお湯、行ってきな」

「嫌だぁー、お父つぁんとお風呂《ふろ》へ行くなら、死んじゃったほうがいい」

「大変なこと言いやがる、この野郎」

こういう、ものすごいもの。

「だって逆さに入れるんだもん」

「めったに入れてねえじゃねえか、馬鹿野郎。たまにだよ。鼻の穴なんか洗うのには、逆さに入れたほうがいいんだよ」

［＊61］榎本健一（えのもと・けんいち）。喜劇俳優。一九〇四（明治37）～一九七〇（昭和45）年。通称「エノケン」。浅草オペラから「カジノ・フォーリー」時代を経て、一九三二（昭和7）年に「エノケン一座」を旗揚げする。古川《ふるかわ》ロッパと人気を二分し「エノケン・ロッパ時代」を築いた戦前日本の喜劇王。

［＊62］柳家三亀松（やなぎや・みきまつ）。本名伊藤亀太郎、一九〇一（明治34）～一九六八（昭和43）年。一九二五（大正14）年初代柳家三語楼《さんごろう》門下となり、柳家三亀松を名乗る。都々逸、新内、声色、形態模写と漫談を組み合わせた独特の芸で知られ、人気があった。

「〝たまに〟だって嫌だよぉー」

ナンセンスの極致。ナンセンスを演るのに上手さで演ったってしょうがないでしょ？

三語楼ってのは、上手いんですよ、人情噺《にんじょうばなし》も演るんです。円遊も上手いんです。

それで、戦争中の金語楼に来るんです。

## 精一杯の軍国主義への抵抗

金語楼は三語楼の弟子で、我々よりちょっと前の世代で、「兵隊落語」シリーズは我々が子供のころに聴いた。

ちなみに言いますと、アメリカでは平気で『プラトーン』だとか『ディア・ハンター』みたいな映画が出てくる。日本では、そういうことは絶対にやりませんからね。

戦争中に『二等兵物語』（一九五五年に第一作が公開された映画シリーズ、福田晴一監督）をやりゃあよかったんですよ。「ちょいとまったく二等兵じゃどもならない」とかね。

♪どこで焼くのかサンマの匂い
　風が吹くたび鼻を刺す
　辛《つれ》えよ辛えな
　二等兵は辛えや［＊63］

伴淳三郎《ばんじゅんざぶろう》という名優が演ったくだらない喜劇映画ですけどね。そんなの、戦時中にやったりしませんや。
♪下士官《かしかん》のそば行きゃメンコ臭い……あまり歌が上手くなかった人だから、俺が歌ってちょうどいいんだ。

♪伍長《ごちょう》勤務は生意気で
　粋な上等兵にゃ金がない
　可愛《かわい》い新兵さんにゃ暇がない
　ナッチョラン　ナッチョラン
　ツララツラツラ

［＊63］映画『二等兵物語』の主題歌『二等兵じゃどもならない』（横井弘・作詞、林伊佐緒・作曲／歌）の一節。

　この歌は『青島節《チンタオぶし》』［＊64］っていうんだ。「あおしま」ね。青島ビール。

「はっ」

「おい、貴様」

「貴様、何をやっとるんだ」

「いや、あの……」

「何か歌っていたろう。貴様、歌ってみろ」

「いや、あの、忘れました」

「忘れたってことがあるか。貴様、歌え」

「いや、あの、ではやらせてもらいます」

「やれ」

「♪チャチャン、チャンとくらぁ」

「何だ、貴様」

「いや、これは前奏です」

「前奏なぞいいじゃないか、すぐやれ」

「♪下士官のそば行きゃメンコ臭い……、いや、自分はメンコ臭くないと思って

［＊64］『青島《チンタオ》節』（「なっちょらん節」とも）の一節。第一次世界大戦時代の流行歌で、柳家金語楼の『落語《らくご》家《か》の兵隊《へいたい》』の中でも唄われた。

おります」

「言い訳はいい、あとをやれ」

「♪伍長勤務は生意気で……、手前は生意気だとは思っておりません」

「余計なことを言うな。どんどんやれ」

「♪粋な上等兵にゃ金がない　可愛い新兵さんにゃ暇がない　ナッチョラン
ナッチョラン……、自分はナッチョランとは思っておりません」

「いちいち断るな。官姓名を名乗れ」

「は？」

「官姓名を名乗れ」

「何です？」

「〝何です〟ってやつがあるか、貴様。何だ、貴様は」

「り、り、陸軍歩兵、に、二等卒、や、山下、け、けい、敬太郎」

「はっきり言え」

「り、陸陸陸」

「訛《なま》るな。どもるな」

「り、り、りく、りく、陸軍、ほうへい」

「砲兵？　歩兵だろう」

「歩兵、二等賞」

「二等賞？」

「山下敬太郎ぉ」［＊65］

その時分、ウケまくった、売れまくったレコードにあるんですよね。

それは、そのころとしては精一杯の軍国主義に対する抵抗ではあったけども、まだまだ。敗けてきて、敗けていく分だけ、威張ることによってそれをカバーしようとした日本の軍人の滅茶苦茶《めちゃくちゃ》さ、酷《ひど》さ。どれほど罵倒《ばとう》してもいいくらい、奴らは酷いことをしていますよ。

金正日《キムジョンイル》の比じゃないんじゃないですか？　日本の軍隊のやったことは。水木《みずき》しげるさんが、「本当の苦労を知っているのは兵隊だけですよ」と言ってましたけどね。みんな餓死しちゃったんですもんね。弾に当たったんじゃねえんだから。

それらを演った金語楼。

とにかく出てくるだけでもって、バァーーッと笑うんだから。「まだ何にも言ってないです」……バァーーッ。「いや、禿《は》げまして、いやいや、禿げが売り物で。あけましておめでとう」……ウギャーー。


［＊65］柳家金語楼作の落語『落語家の兵隊』の一節。

## 時代の要請で変わる「爆笑王」

金語楼の後に出てくるのが……〝後に〟ってことは、だんだん人気ってのは下がってくる。〝爆笑〟ですから、笑いの量を生むためには体力が必要ですから。何事も体力ですけどね。知力なんてのは、〝健全なる精神は健全なる肉体に宿る〟だったか、そんなことを言いますね。

人気が下がってくると、次が出てくる。当たり前ですね。朝青龍《あさしょうりゅう》が下がってくると白鵬《はくほう》。

それで戦後、三遊亭歌笑《さんゆうていかしょう》［＊66］というのが出てきた。変な顔でね、グロテスクな顔ですよ、それが人気があった。『歌笑純情詩集《かしょうじゅんじょうししゅう》』という新作落語を作った。

「われ、たらちねの……まず、歌笑であることを証明す」と、こんな噺が新鮮だった。〝何々の証明が必要だ〟という部分。「証明す」で客はドッと笑った。

「たらちねの胎内を出《いで》しときは、紅顔可憐《こうがんかれん》の美少年なりしが、世の変転につれて我が容貌《ようぼう》も一変せりとかや。港に我《われ》が顔を見て皆、滑稽《こっけい》、滑稽と鳴きぬ。銀座チャラチャラ人通り、ダイヤかガラスか知らねども。歌笑純情詩集より」

［＊66］三代目三遊亭歌笑（さんゆうてい・かしょう）。本名高水治男、一九一七（大正6）～一九五〇（昭和25）年。一九三七（昭和12）年三代目三遊亭金馬《きんば》に入門。一九四一、四二（昭和16、17）年ごろ三代目三遊亭歌笑を襲名、一九四七（昭和22）年真打ちに昇進。『歌笑純情詩集』でブームを築く。

　それを真似《まね》たのが柳亭痴楽《りゅうていちらく》［＊67］。

「ええー、上野を後に池袋、回る私は山手線」

　真似したけど、内容のレベルが違う。痴楽さんは古典落語も演る。つまりリフレインを演ってたら上手かったんだけど。で、その歌笑はあっけなくジープに轢《ひ》かれて死んじゃう。今なら大問題になるんだけど、そのころはとにかく〝アメリカ様〟はどうにもなんないですからね。

　短い期間ですが、これが爆笑王として日本中を巻き込んだんだ。志ん生がウケるたって、落語ファンにウケたということで、日本中を巻き込んでない。円遊や三語楼は東京中心ですけど、金語楼は全国区、歌笑しかり、その後にくる三平（初代）しかり。

「大変ですよー、ほんとなんですからもう。どうにもなんないんですからもう。うちの隣のよし子さん。みんな、よし子さん。よし子さーん、こっち向いてー。ほんとに。笑ってくださいよ、ほんとに。だんだん前へ出てくるんですから落っこっちゃって、ハァー、〝落語（落伍）家だ〟なんて言われたりなんかしちゃって。大変ですよー、ほんとに」

　あのね、一口に言うと三平の芸は、破廉恥《はれんち》。「つかみこみ」と言うが、他人の

［＊67］四代目柳亭痴楽（りゅうてい・ちらく）。本名藤田重雄、一九二一（大正10）～一九九三（平成5）年。一九三九（昭和14）年、七代目春風亭柳《しゅんぷうていりゅう》枝《し》に入門し笑枝《しょうし》。一九四一（昭和16）年、大師匠五代目柳亭左楽《さらく》門下に移り、四代目痴楽を襲名。一九四五（昭和20）年、真打ち昇進。三遊亭歌笑の事故死を受けて抜擢され、ユーモラスな風貌と「柳亭痴楽はいい男」などのフレーズで人気を得た。

芸を持ってくるのは、我々にとってこれが一番タブーです。芸の話をして申し訳ないけどね、私の作ったギャグでも、誰が作ったギャグでも、全部みんな持ってきているうちに、妙な三平落語ができた。誰かなぁ、「ウインナーソーセージのごときだ」と（つながったウインナーの形のように、盛り上がる、縮まる、盛り上がる、縮まる）。脈絡が何もないんです。

「交通事故がすごいんですからぁー、もー。こないだも行ったらとにかく……なんですよ、ほんとに。いけね、忘れちゃった、何の話？　あ、交通事故。そう交通事故の話なんですよ。おばあさんが轢かれちゃって、カァー、どこの人かわかんないんですから。そしたらこのお尻《しり》のところにアザがあってね、それを押したらブーッておならしたから、〝ああ麻布《あざぶ》の人だ〟なんて、大変なんですよぉー」

クソ面白くもなんともない。だけど、そういうのがワンワンワンワン、ウケたわけ。

薩長土肥《さっちょうどひ》の世界になって入ってきた連中に円遊が受け、モダニズムとでもいうモガ・モボを含めたエロ・グロ・ナンセンスの頽廃《たいはい》的な時代が来た。「カジノ・フォーリー」［＊68］ができて、浅草オペラの田谷力三《たやりきぞう》だとか、エノケンだとかという、そういうときにマッチした。

［＊68］「カジノ・フォーリー」は、一九二九（昭和

そう、時代にマッチする。金語楼しかり、歌笑しかり。

三平さんの場合は何だろう、落語家の概念を変えた。落語家ってのは、間違ったらもうおしまい。〝ちょっとでもトチったら駄目だ〟という聴き手のひとつのルールがあったんだね。俺なんかは間違えても平気で「うるせえな、この野郎」と言ってるけどね。

三平さんはそれらを全部取っ払って、今のテレビの先駆者みたい。素人になった。つまり「珍プレー好プレー」ってあるじゃないですか。あの珍プレーなんです。

「ほんとに間違っちゃうんですから。面白くないんですから」

それがまた、ウェーッとウケる。

だから無意識だろうけど、それぞれがその時代の空気を受け、または才能が「これは聴かせる落語でなくて、笑わせるほうの落語だな」と感じたり。「聴かせる落語」と「笑わせる落語」の違いは、言いましたよね。前者は落語リアリティが上手い、後者はリアリティが入ってくる余裕がないくらいのナンセンスで演っているということです。

4）年に石田守衛《いしだもりえ》、榎本健一らが東京・浅草で旗揚げした軽演劇団。歌や踊り、風刺を交えた喜劇の作風が当時の「エロ・グロ・ナンセンス」時代にマッチし人気を集めた。

## 爆笑王に救われた寄席

で、三平の後、いないんですね。落語界ばかりでなく、日本中を席巻《せっけん》するような爆笑王ってのは。ま、ある部分、クレージー・キャッツがやったり、その後ザ・ドリフターズが引き受けたり、テレビを中心とした笑い、結構いい笑いがありましたですよ。今思うにね。今のよりは……さあ、この問題なんだ。〝今のよりも〟って言うけど、今と昔と比べるものなのか。比べても所詮《しょせん》、♪しょせん叶《かな》わぬー……なんじゃないのかな。

たけしの映画とか松本人志の、見てないけどね、ワイルダーをどう思ってるのか、ルビッチを、ミッチェル・ライゼンを、またはルイス・マイルストンを、もっと言えば黒澤明《くろさわあきら》を、市川崑《いちかわこん》を、増村保造《ますむらやすぞう》を、今平《いまへい》（今村昌平《いまむらしょうへい》）を。ぜんぜん違うところから出ているのかもしれません。

だから、歴史というのは、未来ももちろんだけど、昔をちゃんと分解して、例えば日本の歴史、戦争を含めた、太平洋戦争、その前の文明開化、全部をやったところから出てくると言うけど、言うだけですよ。

理屈をこいてるだけで何にもない。面白い話をしてるほうがよっぽどいいよ。

職業安定所で、

「あのー、私子供が十四人いるんですけど」

「他にできる仕事は？」

　こんなこと言ってるほうがよっぽどいいよ。

「奥さん、旦那《だんな》さんはだいぶ精神的に弱まってますんで、精神安定剤を差し上げますから、奥さんが飲んでください」

　こういうのを聴いて笑ってるほうがよっぽどいい。でも世の中には〝ありがたみ〟ってのがあってな。

　大学教授なんてのは、内容は面白くないが能書きをこく。その〝ありがたみ〟が好きな奴がいるんだ。もっとも、その〝ありがたみ〟を聴かなきゃしょうがない、単位を取れないという可哀想《かわいそう》な連中もいるけどな。

　俺のほうが知識の量は少ないかもしれないけど、直感的に「ああ、この野郎、偽物だな」ってのがすぐわかる。「ああ、この人はちゃんとした人だな」と、身分とか状況とか関係なくわかる。「ああ、こんなことやってる。こいつはすげえ奴だ」とわかる。自己弁護だけどね。

　で、この爆笑王……爆笑問題ってのが、いるね。あれは俺の子なんだ。あの太田ってのは、脇《わき》で拵《こしら》えた子なんだけど、あんまり世間じゃ知られてない、みんな知ってんだけどな。

　その爆笑王が出ることによって寄席は救われてた。

## タブー落語と差別

「上手いね、名人だね」「冬の夜寒がしみじみわかりますね」という落語の例。

これは舞台ではできない落語、盲人、要するに按摩《あんま》ですね。揉《も》み療治《りょうじ》をやる。いまだにあるでしょうけどね。

　冬が寒いから、

「番頭さん、たまには炬燵《こたつ》を入れてくれませんかね」

「何を言うんだ。〝寒い〟たって、どれほど寒い？　四月の声を聞いて炬燵を入れるか、馬鹿野郎」

「番頭さんは炬燵を入れてる」

「いつ私が炬燵を入れました？」

「は？」

「私が炬燵を入れることは、旦那はもちろん許してくれますよ。私が入れる、手《て》代《だい》が入れる、小僧が入れる……この、〝緩む〟ことによって、もし火事でも起こしたら、ご主人様に何とお詫びをしたらいい？　死んでお詫びをしたってこれは及ばないよ。ここへ来るから私はこうやって……」

「わかりました。へえ、その通りです。どうも。

……おい、しくじったよ」

「はっはっは。とは言うけどね、昨日今日の寒さは大変だ。やあ無理はない。お前たちの顔を立てて、今晩一晩、暖かい思いをさせてあげよう。いやね、奥に按摩の米市が来てるだろ？　〝酒を飲むと、冬の夜裸一貫で暮らせる〟なんて言葉があるくらい、体が暖かくなる。そこへみんなで足を入れて温めさせてもらう」


無理な話なんですがね。桂文楽《かつらぶんらく》（八代目）の十八番の一つですがね。番頭さんが按摩の米市に、

「まあまあ、飲んでいきなさいよ。ね、飲んでいきなさい」

「すいませんなぁ」

これを、名人桂文楽に〝額《ひたい》で話す〟ってことを教わりました。つまり、盲人の描写です。なにも盲人ばかりじゃなくて、嫉妬《しっと》深い女将《おかみ》さんならそれらしく、子供なら子供らしく描写するんだけど。

「実はこうこういうわけで、大変に見下げた話で悪いけども、どうだ、一晩暖かくなるために、お前さん、炬燵になってくれないか」

「ほうほうほうほう、左様《さよう》でございますか。へい、ようがすよ」


その前に、こういうやりとりがある。

「泊まっていってくれないか？」

「はあはあ、泊まって……」

「泊まったところで、お前さんに頼みがある」

「〝泊まったところで頼み〟が？　番頭さん、冗談言っちゃ……」

「おいおい、勘違いするんじゃないよ」

あまり深いところまでいかずに演ってるギャグ。みんなわかった。

それで、「こうこういうわけだから、じゃひとつ」と、飲ませる。飲みながらいろんなことを述懐するシーンがあるんですね。

「へい、よく〝泊まっていかないか〟と言う人がいるんです。泊まれば暖かく寝かせてくれるでしょうけど、汚いところだけど我が家へ帰りたいということは、ええ、いつ起きようが横になってようが構わないという、これなんですかね。わがままなもんです。

　私はよく、夜遅くに帰るときに〝すみませんが、提灯《ちょうちん》貸してくれませんか?〟〝いえ、ですから、闇夜《やみよ》ですか、月夜ですか?〟と聞く。

〝盲人が提灯をどうするんだ〟

　月夜はいいんですが、闇夜だと提灯を借りないと、我々は心の眼という心眼《しんがん》というものがありますから、別に照っていようが、昼間だろうが夜だろうが大丈夫です。けど私に言わせると、目明きぐらい不自由なものはないですね。ものがわからない。不自由というか、だらしがないというか。月夜なら〝向こうから盲人がくるな〟ってよけてくれるけど、闇夜だとぶつかるんですよ。提灯を付けてると、〝向こうから盲人がくるんだな〟って。これは目明きよけの提灯なんです。そんなもんなんですよ。

　それであっしは、目明きよけの提灯で闇夜に歩いた。ドサッとぶつかってきた。私は黙ってない。

〝やい、なんだ。目明きのくせにこの提灯が見えねえのか〟

〝提灯が消えてるよ〟

……あはははははは」

寂しく文楽が笑いましてね。

「いやぁ、いけない、いけない。我々は厄介者だ。生意気なことを言っちゃいけないと思いましてね、へいへいへいへいへいへいへい、ありがとうございます」

と言って飲む。


余談も余談だけど、私の弟子みたいなものにホーキング青山というのがいて、これはもう口しか動かないんだ。口で全部やって、書いて、「どうやって食うんだ」って聞いたら「犬食いだ」なんて言ってる。そいつに、

「どうだお前、余計に勘定を払ってこねえか、入場料」

「なんで」

「〝人に迷惑をかけてますから〟って言ってみろ、お前」

「ははぁ、面白いですね。やりますか」

この重症の身体障害者が俺のところへ来てね、

「よし飲ませるか」

「いえ結構」

「〝結構〟も何もあるものか、この野郎。ビール持ってこい」

って鼻つまんで。手がないんだから、動かないんだから。鼻をつまれりゃ口を開けるよりしょうがないんだ。そこへ俺が酒をぶっこむんだ。ガッガッガッガッガッガッって。

「師匠、苦しい」

「〝苦しい〟じゃねえんだ、美味《うま》いか不味《まず》いか聞いてんだ」

「う、美味いです」

「美味けりゃそれでいい、この野郎」

ガァー。向こうも承知。酔っ払ってきやがってね、それで交番というか、〝おまわりのいるところでもって、くだをまけ〟と言ったわけよ。ベロベロに酔っ払って。さぁそのときに、

「〝甘ったれんな身体障害者のくせに。身体障害者だからといって……〟と言う奴はいないよ。きっと〝気をつけて帰りなさいよ〟と、下手《へた》すりゃ送ってくれるぞ。嫌だろ？　この差別ってのは」

「差別は嫌です」

「区別はわかる」

「区別はわかります」

ちょっと社会論になってしまったけど、「差別」って言うけど、差を認めても

らいたいから、金を貯《た》めたり、〝偉くなろう〟って俗な言葉だけど、そうなろうとするわけでしょ。

我々だってあるでしょ。俺と円蔵とが同じギャラだったら俺は怒るよ。「冗談言うない、この野郎」と。だけど向こうのほうが愛嬌《あいきょう》があって親切だったりするもんだから、ヨイショが上手いから、収入は多いかもしれない。けどね、向こうだって知ってますよ、兄貴にはかなわねえ。それは当たり前です。

この落語は放送局ではタブーなんです。だから寄席もその延長……落語家も馬鹿だから、放送局で〝駄目だ〟って言うと、すべて駄目だと思って演らないのかもしれない。また難しいから演らないのか。

**爆笑王を馬鹿にしていた文化人**

何が言いたいのかというと、この落語を評して、「文楽の落語を聴いてると、しみじみ冬の夜寒《よさむ》を感じられる」。

「じゃ、いよいよ、炬燵に入りますかな。この中へ入ってますから、どうぞ足を入れて結構です。……あ、きたきたきたきたきた。あー、来たよ。動かしちゃ駄目だよ。冷えてるな。あ、きたきたきた。またきた。うーん、きたきた。ああ、小さいの、こりゃ小僧だ。お前はいいや、いろいろ用意してくれるから、背中で当たらしてやるよ。

源さん、いくらか形を変えましょうか？　留《とめ》さん、金《きん》どん、あんちゃん、定《さだ》吉《きち》、おい、人の頭へ……。人の股座《またぐら》へ、人の背中に、腹に、足を入れてよく寝られるもんだな。疲れ切ってるんだ。もっともこれだけ繁盛する家じゃな。商人《あきんど》もこれだけ繁盛したら、面白いだろうな。だけど奉公ってのは、辛《つら》いもんだな。

〝かっぱ屋の小僧、よくいじめやがったな！〟……小僧だな。喧嘩してらぁ。よしよしよしよし。〝もう我慢できないよ。ドブへやるからね〟……変な寝言だね、おい、〝ドブにやる〟って……。あ、いけねえ、いけねえ！　寝小便！　ウワーッ」

ってこういうことになってね。

「馬鹿野郎！　せっかく米市つぁんがこうやって我慢してくれたおかげで暖かく寝られるのを、お前がこういうことになって」

「どうも、米市つぁん、勘弁しておくれ。もういっぺん飲ませるから、もういっぺんやって」

「いやあ、もう駄目です。小僧さんが火を消してしまいました」

と、これ、『按摩の炬燵』という落語なんですがね。

タブーがどんどん増えてくるということは、落語が侵されてるってことです。

僕がよく……〝僕〟ってことはない、〝ボク〟って言うと、朝鮮人みたいだけどね。「俺の口の悪いのも身体障害者だから大事にしろ」って言うんだけどね。

そういうタブーを含めて、落語の存在がある。♪タラーンタラリララーン……『タブー』ね。


「タブー」なことはあまり言わないで、とにかくわかりやすく、観客を自分の世界に引きずり込む。あるときは自己を茶化したりなんかする。「馬鹿なんですからねー」（三平）とか、『純情詩集』という、そのころでは新しいことに笑いを入れたり、戦争中の、まぁ戦争はまだ始まらないけど、軍隊が存在して偉そうにしていたことをちょっぴり揶揄《やゆ》してみる金語楼。もちろん、他にも、すごいのがありますよ、前も言ったろうけども、

「お父さん、お父さんを見てるととても他人とは思えない」

「うるせえよ、おい」

よく考えると、親子なんて、ただ戸籍上で言ってるだけで、もちろん動物的な、生物的なつながりはあるけども、〝生物的なつながり〟なんて、ぶっ壊れてるものが随分多いんだ。多いからこそ、親を殺したり子供を殺したりするんですからね。

そういう不完全な部分を持った人間。それらを突いてくるという、私のような演り方……もちろん、昔からある部分の拡大ですけど、それとは違う。そんなことより、とにかく明るくて陽気で、あるときはナンセンス、あるときはちょっぴり皮肉、社会風刺も入れるけど、そういうところで演ってた芸人たちが、観客を呼んだ。で、「江戸落語はこうでなければ」「古典落語はこうでなければ」という落語が主《しゅ》であるとした人たちは、こっち（爆笑王たち）を邪道とした。

昔はこれを「ポンチ絵派」と言った。ポンチ絵は漫画のこと。漫画のレベルが低かった。今みたいに儲《もう》かったり、手塚治虫《てづかおさむ》みたいな天才がいたり、素晴らしいナンセンスな漫画を描く、やれ加藤芳郎《かとうよしろう》だとか、荻原賢次《おぎはけんじ》だとか、水木しげるの世界もあるだろう。

だけど一般的には「ポンチ絵」といって漫画を馬鹿にするように、爆笑王を馬鹿にした。〝馬鹿にする〟ってのは、〝レベルが低いもんだ〟ということだ。そう言わないと、自分の落語鑑賞がぐらつくからでしょう。相手にしなきゃいいものを「あれはいけませんよ」と言う。
で、そう言うのは文化人に多かった。岡鬼太郎《おかおにたろう》だとか伊原青々園《いはらせいせいえん》（作家、評論家）だとか、後の久保田万太郎《くぼたまんたろう》（小説家、劇作家、俳人）だとか、安藤鶴夫《あんどうつるお》（小説家、落語・歌舞伎評論家）に至るまで、こういうところの線（爆笑王）を排除した。

排除できっこないんです。両輪なんです。それらを認めながら、認めたくないと言いながら、落語の歴史、歴史ったって所詮たかが知れてる。

ついでにいうと、ハリウッドなんて五十年の歴史でおしまいですよ。ジャック・ワーナーだとか、ダリル・ザナックだとかハワード・ヒューズとかの帝王がいて、我々が好んで見てたミュージカルだ、西部劇だ、またはコメディだってのは。今はもう、全然違った世界に入ってきている。

落語も違った世界に入ってきている。抽象的な言い方だけど、〝違った世界に入ったこの分解は誰がやったんだ〟って言ったら、俺がやったんだよ。今までやってることと全部、反省みたいなもんだ。理屈をこねて、落語はこうこうこういうわけでこういう分解をするとこうなってこうなってこうなって……と、全部分解したんだ。

その分解した自分に嫌気が差してきているんですよ。二律背反ですね。
「面白けりゃいいじゃねえか」ということが許せないんですよ。「レベルが低いよ、こんなもの。俺の落語を聴いたらぶっ飛ぶぜ、こいつは」……現にぶっ飛んじゃうんだ。

だけどあのころの三平さんに比べたら、とても敵《かな》わないでしょうね。今どんなに爆笑させる奴がいたって、あんなもの、俺に敵うわけがない。〝敵わない〟ってのは、俺が思うのと同時に、現に俺のほうが動員がすごいんだもの。社会のウケ方が違う。

よくこうやって、次から次へと無責任というか、勝手気ままにしゃべってるもんだ、我ながら。

「世の中で何が嫌だって、男のおしゃべりほど嫌なものはないですな。最低ですな、ありゃあな。落語家は違います」って言うんだけどね。

## 今の寄席は〝違う〟

今の寄席は〝違う〟んですね。昔は寄席がメインで、そこに名誉も利潤もある程度あった。いい寄席のいい時間帯、〝深い時間帯〟と言いますか、そこに上がるようになれば一人前で、方々から仕事がくる。お座敷とか何とか。それで収入を余計に得ることができた。今は違う。

タクシーに乗って運転手に、

「私、寄席に出てます。今、私がここで最高幹部ですよ」

「わかってます」

「一席、どのくらい取れると思う？」

「そう言われても困りますけどね、まあ三十万とか五十万とか」

「二千円だよ」

「またまたまた、そんなご冗談を」

冗談じゃねえんだこれが。今の寄席というのは、私に言わせると昔と全然違う。もう、何だろうな、〝低能な芸人たちが、昔ながらの伝統の技術を持たねえで、ただ出てるところ〟だと思っている。

でも、色川武大《いろかわたけひろ》、あの色川先生に言わせるとね……俺のことを〝兄《あに》さん〟って呼ぶんだ。

「兄さんの言うとおりなんだよな。私もね、行くところがないから居たんですけどね、こよなく退屈なところでしたよ。でも、今んなるとその退屈が一つのそのころの中毒になってたのか、そこに居るしか仕方がないんで、それが郷愁となって、今、兄さんとしゃべってるんですよ」

てなことを言ってましたけどね。

〝どのくらいセコかったか〟っていうとね、

「この間も理髪店に強盗が入ったそうですな。ピストルを持ってきて〝金出せ〟って言うと、オヤジが〝出さない〟って言った。ドーンと撃った。そしたらお腹にプスッと当たって……」

「死んじゃった？」

「死なないんだ。泥棒、また怒ってドンと撃った。今度は顔の真ん中へドンと当たった」

「さすがに死んだ？」

「死なないんだ。元気。で、三発目、バーンと撃ったら耳をかすって……」

「助かりましたね」

「死んじゃったんですよ」

「話がおかしいね。腹へ当たって顔の真ん中へ当たって、なんで死なないの？」

「だから、入ったのが床屋だから、二発で死なないで〝さんぱつ〟で死んだ」

こういうくだらないことを言って、ワァーって笑ってたんだよ。

だから、例えば今私のやるようなジョークなんざ、まったくない。

橋の上で男が、

「二十一、二十一、二十一、二十一、二十一」

なんてしゃべってる。〝なんだろう〟とそばへ行ったらぐっと摑《つか》まれて、いきなり橋の上から川へ放り込まれちゃう。

「二十二、二十二、二十二……」


こんな西洋ジョークをやった奴は一人もいない。一つや二つ演りましたけど、落語のまくらとしてやってるだけで。

くっだらねえジョークを演ってましたですよ。〝しゃべろ〟って言われたらしゃべれるけど、しゃべるのがもったいないくらいのもんで。せっかく銭払って講義聞いてんのにね。

だから、今の寄席は対象にはもうならないけど、〝ものを見ておく〟という意味において、あったら見たらいいと思う。それよりも俺の落語を今年中あたりに聴いといたほうがいいんじゃないのかな。もう長いことないしね。声もこんなにかすれてきましたしね。

## 外国にはわからない「日本教」

私が存在したんで、いくらか落語の寿命が延びたのかな。関西では桂米朝《かつらべいちょう》が、落語が滅茶苦茶になっているところへ、緻密に拵え上げて、今の世代へ残した。もちろん米朝さんはまだ元気ですけども。

それともう一つは、二律背反してるけど、私のこの「分解」。三十歳になる前に書いた『現代落語論』を含めて、「落語というのはこうなんだ」という、その延長上に、今のこの状態があるんです。

だけど、ふと我に返ると、「日本人じゃないか」「日本教じゃないか」と。山本七平先生の『日本教について』の中にこんなのがありました、思い出しました。「ホームステイ」というのがありますね。外人、ドイツ人だったらしいんですけど、家《うち》に置いといた。食べさせた。もちろん金はとったんでしょうけど。あるとき、家の中で不幸ができたっていうんだね。

そうしたらそのドイツ人が、「今晩の夕食はどうなってるんですか」と聞いてきた。「わかりそうなもんじゃないの」と、こういうことです。

向こうに言わせると「わかってますよ、それは。出なきゃ出ないと言ってくれれば、それでおしまいなんですよ」。

〝そんなことわかりそうなもの〟と、二人称が入ってきちゃった。結局「あの人は出ていってもらいましょうよ」となった……という話を七平先生が書いていますけどね。

　それからもう一つ、家光はキリシタン、バテレン、耶蘇《やそ》を排除しましたよね。キリスト教。マリアだかキリストの絵を踏ませる「踏み絵」というものをやった。「ふみえちゃんから電話あったよ、この間」……それで〝改宗しろ〟と迫ったらしいです。そしたら断固として「私は改宗しません。イエスに殉じます」てなことを言った。

「殺すぞ」

「どうぞ殺してください」

「首を斬れ」

　家光本人だか、弟子だか、家来だか、取り巻きだか、ファンだか、ファンはいねえだろうけど、

「いいな」（刀を構える）

「はい」

「やめた。やめだ、やめだ。こんな強情な奴の首斬ったってしょうがねえや」

と、とたんに、

「私、改宗します」

と言った。

これをどう説明しても、外国はわからないだろう。この場合、「外国」ってのは文明を持ったヨーロッパの世界でしょうけど、〝わからない〟。つまり、〝命を懸《か》けた、殺されてもいい〟という、この了見《りょうけん》がわかれば改宗してもいい、ということ。向こうの人には、まったくわからない。

もちろん向こうは一神教です。ユダヤ教、キリスト教、回教、マホメット。「アイヤーーーー、チャーンチャチャチャチャーン、チャラリラリン、チャランチャランガンチャランチャランチャランガンガンガン」

ああ、いけねえいけねえ。やな教師だね。

話を戻すと、一神教である、唯一の神であるキリスト教に入ったんだ。それとて、「命が惜しくないのがわかれば、改宗します」と言う。これ、まったくわからない。七平先生の本にはそういった話がたくさん出てくるんです。ちなみに私が尊敬していた人です。

ことのついでに、「尊敬」の定義を教えといてやろうか。ガキどもよく聞け。例えば私と誰か、誰でもいいですよ。吉村さんだろうが天皇陛下だろうが……いや全然違うか。志村けん、なんだかわかんない。その人と、共通のもの、文学でもなんでもいいですよ。科学でも小便《しょんべん》の我慢の仕方でも、何でもいいですよ。

価値観を共有する部分を持ってて、その価値観が私よりはるかに向こうのほうが上の場合、教えを乞《こ》いますよね。その〝差を埋める行為〟を「尊敬」と言うんだよ。

だから本当に尊敬していけば、いくらか因業《いんごう》というか、気難しい人でも、価値観が似てるんだから、それを慕ってくるんだから、教えてくれるんです。嘘をついて「先生、ひとつよろしく」なんて言うと、わかっちゃう奴にとっては「何言ってんだ、こいつは」ってことになるんだろうけどね。

そういう意味でこよなく尊敬していた数少ない人の一人、山本七平さんが、『日本教について』という本で、日本人の考え方、「俺の目をみろ、何んにもゆうな」「貴様と俺とは同期の桜」について書いている。

「それはねえだろう、おい。今日は飲むってことだろう」

「まあ」

「〝まあ〟じゃないよ、この野郎」

怒りというのは、〝共同価値観の崩壊〟ですから、

「わかった、わかった」

と言うと、

「わかりゃいいんだ。こんなこと、二度と言うなよな。俺とお前の間じゃ」

と、二人称でしゃべっている日本教、もちろん当然、裁判所もあったが、裁判官だって下手すりゃみんな二人称だ。「貴様に情はないのか」てなことを言うんだから。


「なぜ貴様は白状しないのだ。これほど言っているのに。なら言うな。貴様の妻子の者の体から聞くぞ」

「ちょっとお奉行様、それはお裁きが違うようでございます。手前のしたことと、わが女房子供とは……」

「黙れ。連れてまいれ」

連れてきて、

「お父《とっ》つぁん！」「あなた！」

とすがってくるのを離して、

「痛めつけるぞ、貴様の目の前で。貴様には愛がないのか。子に対する可愛さという心がないのか。鬼か蛇《じゃ》か」

「お奉行様に申し上げます。人として妻を愛《いと》おしく思わない、そんな夫がどこにありますし」

これも、今考えたら、とても通用するものじゃないけど、

「こんな凡庸な子でございますが、我が子は可愛《かわ》ゆうございます。三千世界に、我が子の可愛くない親がどこにございましょう？　お奉行様。けども、これは私事《わたくしごと》めにございます。あくまでも私情です。頼まれたお方には、〝義理〟という二字がございます。義理の前には親子の情も捨てねばとか。

さ、悪い亭主を持ったとあきらめろ。残酷な父《ちゃん》を持ったと思って、坊《ぼう》、死んでくれ。さあ、打つなど蹴《け》るなどご勝手に。天野屋利兵衛《あまのやりへえ》は男でございます」

一言も口を割りません。またそれを痛めるような奉行でもございません。

とまあ、有名な『忠臣蔵』の中で、赤穂浪士のために武器を調達した天野屋利兵衛の話。昔だったら知ってたことです。今はほとんど知らないでしょ？　初めて聞いたでしょ？　ねえ。聖書にも載ってますよ、アーワーワーワー。でね、こういう「義理の前には親子の情も捨てねばとか」という、これが通るか通らないかは別だが、通っていたわけです。

じゃあ「義理」とは何だ、「親子の情愛」というのはどういうことなんだ、そういう議論をするのは、もっとも野暮な野郎。

ついでに言うとねえ、日本人にはシャイな部分もありまして、特に「江戸っ

子」と称する連中にはね、いいことをして褒められると「勘弁してくれよ」って言ったけど、今は平気で出てくるよな。いるじゃない、黒柳徹子みたいに、どっか行って子供を抱くだけ抱いて、写真撮り終わったら放り出して帰る。あんなもの、本当に面倒見るなら見てやればいい。手前《てめ》ぇの家に来たら、困っちゃう。あ
あいうことは、やっちゃいけねえ。一事が万事でな。

俺、自分のことだけどね、魚河岸《かし》へ行ったんだよ。若い女を連れてた。俺も若かった。朝だよ。

「小指《コレ》かい？」

「いとこ」

「ヘッヘッ」

これだけ。野暮なこと言わないの。

「持ってけ」

「これ、本マグロじゃねえか。高い……」

「早く行け、馬鹿野郎」

と、こういう「照れ」な。これらを含めて、「俺の目をみろ、何んにもゆうな」ってことですよね。この魚河岸の兄《あに》ぃは。

## 爆笑王不在と日本の悲劇

そういう日本教の中で育ってきた中で、珍しく落語というのは、ある種の三人称になっている。落語を聴いてくれると、「ここがあいつの言ってるこれなんだな」ってのがわかる。

落語に出てくる、八公（八五郎）、熊公（熊五郎）、特に与太郎《よたろう》なんてのは、馬鹿だということになってます。けど私の解釈によると、〝非生産的〟ではあるけれど、〝馬鹿〟ではない。「俺は、今までのお前たちみたいのようにはいかない」という、自分なりの論理は持ってる。

論理なんぞ持ってる奴は「理屈っぽくていけねえ」と、最も軽蔑される。軽蔑ってことは、軽蔑しないと自分が保《も》たないという事実があったのか、そんなことは必要がないんだ、癖《へき》を押し付けるなと。我々落語の世界に、庶民の世界に、八《はっ》つぁん熊《くま》さんの世界に持ってくるな、と言っとるんです。

で、それらを爆笑王たちが持ってきてないんだよな。三語楼なんて人は、現代を皮肉に言った場合は、ロジカルで言った部分もある。そのロジカルなところを笑いに変えていく。または、一切ロジカルでない三平みたいな、ワァーって言ってるのを含めて、その個性がたまたま当たった、時代とマッチしたということなんでしょうけども。

それにしても、三平さんなんかは自分が失敗したことを笑い飛ばしてました。失敗を笑いにして観客との同一化をはかる部分があった。

爆笑王の五人（円遊、三語楼、金語楼、歌笑、三平）は、それぞれの時代の申し子みたいなものだけど、観客がそれらを求めていたという事実はあったろうけども、今はないですね。

なぜないかというと、二人称も三人称もごっちゃになって、「ロジカルに言え」「グローバルに言え」と言っている日本人が、どこかで無理だということになる。この混乱のために、爆笑の系譜、爆笑王が出てこないのかもしれません。まあ私は両方、演ってるんですけどね。

この問題、極端に言えば、「〝わかり合えない〟ってことをわからなきゃいけない」ってことになるのかもしれません。

日本の悲劇じゃないんですか？　どうにもならないんじゃないですか？　経済がどうやら保《も》っているだけで。

国の進路、是々非々《ぜぜひひ》、一応嘘でも「正義とは何だ」ということをロジカルにちゃんと説明して、〝あんなものはない〟または〝必要だ〟という話をしていかなければならない。
としたら、ロジカルは必要。でも最終的に言います。
学問は貧乏人の暇つぶしです。はい。

第五回

# 駄洒落

## 駄洒落と上下関係

お暑うございます。違う？　お寒うございます。山は雪でしょうね。海水浴場は？　うん「混んでる」……。頭おかしいだろう？

講師であります。公私共に多忙。こうしろ、ああしろ。中国の孔子という聖人が……、仔牛《こうし》の肉、なんだかわかんない。これ、「駄洒落《だじゃれ》」と言ってね、吉村学長の大好きな代物《しろもの》で、会うと駄洒落を言ってるよ。「お前はダジャレ」「ダジャレー夫人」……。

立川談志、スタンダップ・リバー・スピーチ・アンビション、リツ・ワン・タン・ツー。イー・チョン・タム・チー、コリアンでね。

今日はひとつ、落語の中の駄洒落をね。

「〝駄〟が付くものはろくなものがない」って、言いますね。駄菓子、駄犬、駄文……セコな文章ね。だけどね、あまりにバカバカしいと可笑《おか》しいですよ。

「竹屋《たけや》ぁー、竿竹《さおだけ》ぇー」

「金玉のねえ奴《やつ》が通るぞ。竿だけぇー」

前にも出したが、ここまでバカバカしいと、いいでしょ？　じゃあ、なぜこういうものが盛《さか》ったかということです。

ちなみに駄洒落は、非常に「下《げ》の下のものだ」というふうに我々の社会、寄席ではなってておるんです。駄洒落を言うと、〝馬鹿にすべき状態である〟ということを示すために、馬鹿にしなきゃならないんです。


「談志です」

「イヨッ。〝ダンシ一生の誉《ほま》れ〟かね」

「引《ひ》っ叩《ぱた》かれんな、この野郎」

つまり、同等の者が言ったら大変です。

「談志、ダンシ十二」

「何をー、この野郎。帰んなよ、お前はもう」

と、こういうことになってくる。


上の者が下に言ったとしますね。

「イヨッ、談志だね。踊ってたね。ダンシングチームかね」

なんて、上の者が私に言った場合。今、私は一番上のほうの年齢になってしまいましたけど、若いころに言われた場合は、普段話ができないような上の人が、降りてくる。

「ダンシングチーム」

「師匠、ご機嫌なんですね」

「ご機嫌ですよ、お前さん」

なんてことになる。


下の奴が上に言おうもんなら大変だ。

こういう話が実際にありまして、上の師匠が楽屋で牛のレバーか何かを食ってた。よしゃいいのに、そこに、とん橋《きょう》って奴がいて、

「師匠、それはよく噛《か》んだほうがいいですよ」

「そうか」

「〝レバかめ〟と申しましてね」

「この野郎！　ふざけやがって！」

と、しくじっちゃう。そのぐらい駄洒落ってのは、どういうわけだか、我々の世界では、〝低いものだ〟ということ。

同音異義を遊ぶ

一般的には、よく駄洒落を言います。一口に言うと、「駄洒落とは同音異義である」。つまり「談志」と「男子」。いくらか似ている言葉を使います。

さっき言ったように「ダンシ（三四）十二」とかね。言葉のゲームです。

「人間二人以上いて黙っているのは、陰険だ」

これは私の人生の師匠である紀伊國屋《きのくにや》書店の会長だった田辺茂一《たなべもいち》氏［＊69］の言葉で、〝黙ってるより駄洒落を言ってるほうがいいだろう〟と。

駄洒落は、意味がつながらないといけない。

「病気見舞いに何を持っていったらいいかな」

「これ持っていったらどうだい」

「何だい？」

「これ、俺の水仙（推薦）っていうくらいなんだ」

これは両方合う。だけど、

「この水仙ね」

「おう、水洗便所か」

これはまったく意味がない。無理にくっつけてるだけなんだ。

とっさにスポンと出るのが、ウイットの条件であり、駄洒落もそのウイットに近いほうがいいんです。ちなみにその紀伊國屋の先生はもう、駄洒落が下らなく

［＊69］田辺茂一（たなべ・もいち）。随筆家、出版人。一九〇五（明治38）～一九八一（昭和56）年。一九二七（昭和2）年、紀伊國屋書店を開業。文芸雑誌「文芸都市」「行動」などのパトロンとなる一方、自らも筆をとる。絵画や演芸、演劇にも造詣が深く、画廊や紀伊國屋ホールを運営し、若い芸術家や演劇人・演芸人を支えた。銀座や六本木の酒場で粋人として名を馳《は》せ、談志とも親交が深かった。

てね。

「ハワイへ行ったらな、みんなアロハ着て、アロハが短いところの体に油なんぞ塗って、おへそが出ちゃったり」

「何？　先生」

「だから、そこへ、いろいろゴミやチリがたまって……」

「何なんだい？」

「アロハにおへそチリぬるを」

「いい加減にしてもらいたいな、先生。冗談じゃねえや」

田辺さん、飛行機乗ってたら蕎麦《そば》が出た。

「この蕎麦が何だか知ってる？」と、スチュワーデスに言う。

「わかりません」

「〝ジャル（ＪＡＬ）蕎麦〟って言うんだ」

こういうのは、とっさの駄洒落として面白いんですよね。

え？　電話？　女だったら全部「愛してる」と、そう言っといてくれ。あ、ごめんごめん、方々から電話がかかってくる……「愛してる」と言っといてくれよ。

で、駄洒落だ。「お前はダジャレ」、また始まった。

## 文明なき時代の文化

前に話した「文化」と「文明」。文明ってのは最先端で、その時限その時限の人間を楽にする、より多く・より早くする方法を極めようとする。医学であるとか、または工学であるとか、数学もそうだろうし、いろいろある。

私の〝決め〟ですが、その文明に取り残されたものに潤いを与えるのを「文化」と称している。「文明は文化を守る義務がある」というのが、私の考え方なんです。「これは文明かな、これは文化かな」といろいろ考えてみると面白いですよ。

落語家は形式的には「文化」です。現代ですから、最先端をしゃべっていく場合もあるかもしれない。これは「文明」。だけど、形式は完全に古い。紋付《もんつき》、袴《はかま》、羽織を着る。内容も全般的に言えば「文化」。

文化にはろくなもんがない。文化庁とか、文化放送とか。文化（ブンガ）ワンソロ、♪タタティタ－ララ－……。

電話の話はさっき済んだね。

「もう出んわ」

これを最低の駄洒落っていうんですよ。はい。

で、鎖国をしていたから、文明があまり入ってこなかった。せいぜいオランダですか。阿蘭陀《オランダ》西鶴《さいかく》なんて言われた。井原《いはら》西鶴。

だから「文明」、つまり先端で楽しんだり、研究したり、遊んだりして過ごすことがなかった。昔から有るもの、「文化」のほうに行っちゃうわけだね。で、その中に駄洒落も入ってくる。ちょっと言い方が乱暴かもしれませんけど。

もちろん、公娼《こうしょう》というか女郎屋《じょろうや》という俗な言葉がありますが、そういう春を売る場所もあったろうし、酒を飲むこともあったろうし、芝居も相撲もあったろう。けど、自分たちで遊ぶとしたら、頭の回転、ゲーム。その中で駄洒落なぞが一番簡単なものだったんですね。

落語には「一分線香即席噺《いちぶせんこうそくせきばなし》」［＊70］と申しまして、短い小噺がある。有名なのは、

「囲いができたね」

「へぇ」

ってやつね。「向こうの空き地に囲いができたね」と言う奴がいるが、これはいけない。余計なことだ。

［＊70］一分線香即席噺は、非常に短い噺。線香が一分（約3ミリメートル）燃える時間で終わることからこう呼んだ。

「囲いができたね」「へぇ」

「坊さんが通るよ」「そうかい」

「台所にしようか」「勝手にしろ」

「キリストの名前、知ってる？」「イエス」

「食料品売場は遠い？」「近い（地階）」

「なぜ逃げるんだ」「話（放）せばわかる」


そういう駄洒落で遊ぶことが、一番楽な遊びだったんではないでしょうかね。川柳でも狂歌でも駄洒落の言葉を入れて遊んだ。洒落の頭に「駄」が付きますから、〝あまりいいもんではない〟ということになるんですが、それだけに、庶民的だったわけですな。

**謎かけにも小噺にも**

さっき言ったように同音異義ですから。「かける」……「駆ける」、博打で「賭ける」、着物を「掛ける」、茶碗が「欠ける」。

昔の落語家は、これを上手《うま》く合わせて、「謎かけ」を演っていた。今でも馬鹿《ばか》な噺家《はなしか》どもが演ってるけどね。
　客が題を出してきて、落語家がそれに答える。「○○とかけて」と客が勝手に出す。
「色恋」なんて題では、
「〝火事場の纏《まとい》〟と解きます。その心は〝燃えるほど振られる〟」
　上手いねえ。謎かけというのは、こういう遊びだ。
　今のは酷《ひど》いよ。下手すると、「自転車」という題に、
「〝自転車〟とかけて、〝自動車〟と解く。その心は〝車が付いてます〟」
　あの『笑点』なんてのはな、こういうのを演ってんだ。あれは俺がこしらえた
番組だからあんまりね……まあいいや。
「〝マラソン〟とかけて、〝ハンガー〟と解く。その心は〝どちらもかける（駆け
る／掛ける）でしょう〟」
　これで一応出来上がりなんですが、あんまり面白くないんで、プロはそこへち
ょっと味をつける。
「〝マラソン〟とかけて、〝壊れたハンガー〟と解く。その心は〝下手《へた》にかける
（駆ける／掛ける）と破れるよ」

小噺《こばなし》にも駄洒落が入っている。

江戸っ子、東京人が地方を軽蔑《けいべつ》する言葉で「田舎者」。軽蔑するってのは、自分のことの裏返しなんだが、まあそれはこっちへ置いといて。

田舎のほうから江戸見物に出てきて、鏡屋の前へ来て、

「かがみ、かがみせ、かがみせ、かかみせ、かかみせ……、〝女房《かか》ぁ見せる〟のか、こりゃあ。どんな女房ぁ見せるのかな。もう時がねえから行かにゃなんねえか。じゃあひとつ、来年の楽しみにすっか」

なんて帰っていく。で、翌年行ってみると、その鏡屋が、今でいう「楽器屋」になっていた。三味線とか、琴とか、太鼓とかを売る店に変わっちゃった。

「〝かかみせ〟はどこだ？　〝かかみせ〟は」

「〝かかみせ〟は確か、ここでねえかな。ああ、ここだ、ここだ」

「あれ？　〝かかみせ〟って、女房ぁねえのかね」

「ねえよ」

「なんでねえ」

「よく見ろ。〝ことしゃみせん〟（今年は見せん）と書いてある」

いいですねぇ。こういうのを駄洒落と言う。

泥棒の噺。

〝観音様の賽銭箱《さいせんばこ》を盗んでやろう〟ってんで、「どっこいしょ」と背負い込んで逃げようとして、仁王門《におうもん》のところで仁王様に捕《つか》まっちゃった。

「この野郎、とんでもない野郎だ。浅草寺《せんそうじ》の賽銭に手を付けるなんというのは、言語道断だ、貴様」

グワーン、ピシャーン！　あの大きな草鞋《わらじ》の足で、ヌンッと踏み潰《つぶ》された。

泥棒先生、よほどせつなかったと見えて、ヌンッと踏み潰されたときに一発、ブッとこいたね。

「臭《くせ》ぇ者（曲者）」

「ぬっふっふっふ、臭《にお》うか（仁王か）」

こういう駄洒落になってくるんですよ。

……これ、「勉強」と言っていいんですかね？　娯楽だね、これじゃ。まあいいや。

料理屋に盗《ぬす》っ人《と》が入りましてね。寝てる主《あるじ》の首筋に、ピタッと切れもの（刃物）を当てた。いい気持ちはしません。

「金を出せ。金を」

「ございません」

「嘘《うそ》ぉつきやがれ」

「今日は無尽《むじん》でもって、おめえのところに百両入ったのを見てんだ」

「おい、逆らわないほうがいい。

……それじゃ、これを」

「ねえなんて、とんでもねえ野郎だ。これは貰《もら》う。お前んところ、料理屋だろう」

「へい」

「何か食わせろ」

「かしこまりました。何にもございませんが、何か拵《こしら》えます。しかし、あなた様は人の物を盗《と》るのが稼業。私のところは料理を商うのが稼業でございます。料理のお代はいただきとうございます」

「よし、それは払ってやろうじゃねえか。何ができるんだ」

「何にもございません。鯉《こい》の洗いと鯉こくでひとつ」

「持ってこい」

鯉の洗いで、鯉こくで、泥棒先生さんざん飲んで食って、

「よし、払ってやる。いくらだ」

「百両です」

「百両？　この野郎、人を食った野郎だな。よし、約束だ。払ってやらぁ」

百両出して、パッと出ると、表で張ってた子分が、

「親分、中の首尾は」

「シーッ、声（鯉）が高い」［＊71］

きれいな駄洒落です。

## 『天災』と『孝行糖』

落語ってのは「落《お》ちのあることば」ですから、「落ち」のあるストーリー。でも〝「落ち」が駄洒落なのはあまりよくない〟とされてるんです。例えばどういう落語があるかというと、『天災《てんさい》』。

「すべては天の成す災いだと思ってあきらめなさい」と教わってくる。と、喧嘩《けんか》している家《うち》があって、友達の家だった。前の女房《おっか》ぁが怒鳴り込んできたと言うんで、

「これも〝天災〟だと思え」

「うちは〝先妻〟だ」

面白くもなんともない。


［＊71］落語『鯉盗人《こいぬすっと》』の一節。

一番バカバカしいのは、『孝行糖《こうこうとう》』。

与太郎《よたろう》がご褒美《ほうび》を貰って、その金で飴屋《あめや》をやる。親孝行だから「孝行糖」と名付け、「孝行糖、孝行糖」と言って売って歩いた。

ある日、水戸様というから後楽園《こうらくえん》。「後楽園」てのは水戸様のお屋敷ですね。「後楽園球場」じゃないですよ、「後楽園」というお庭。与太郎がそこを通ると、門番の侍に、「通れ」てなことを言われる。

「チャンチキチン」

「何だ、〝チャンチキチン〟とは。行け」

「スケテンテン」

「何だ？」

「テンドコドン」

鳴り物と上手く合って、六尺棒で滅多《めった》打ちです。

「しばらく。しばらくお待ちくださいませ。通行の者でございます。この者とはなんの関《かか》わり合いもございませんが、愚かな者でございます、はい。そのくせ、〝孝行糖〟と申して親孝行は人一倍で、お上からご褒美をいただいた者でございますので、どうぞひとつ、ご勘弁を願います」

「うむ。愚かしき者と言うならば、親孝行ゆえ助けてつかわすことはかまわん。

二度と門前で太鼓を叩《たた》き、鐘《かね》を打つようなことをするなと、その方からも申し付けい」

「へい。ありがとうございます。

お許しが出ました、こっちへ来い、こっち来い。馬鹿野郎」

「うわーーん、痛《いて》え、痛え」

「〝痛え〟じゃねえ、馬鹿」

「一番うるさい水戸様の門前であんなものを。チャンチキのドン。お前、首取られたって文句を言えないところだ、馬鹿野郎。で、どこと、どこをぶたれたんだ」

「こぉこぉとぉ、こぉこぉとぉ（孝行糖、孝行糖）」

世の中にこんなバカバカしい落《さ》げはなかろう。大好きなんですよ、これ。

**『御慶』と『鼠穴』**

八五郎《はちごろう》が「富《とみ》くじ」、つまり「宝くじ」に当たる。「千両富《せんりょうとみ》」だ。千両入ると、にわかに「分限《ぶげん》」といって金持ちの仲間に入る。暮れに千両が入って、正月を迎えた。

「お前も分限なんだからね、〝おめでとうございます〟なんて俗な言葉を使っちゃいけない。〝おめでとう〟と言われたら、〝御慶《ぎょけい》〟と言ったらどうだ」

「え？　どういう……」

「いいんだ、〝御慶〟と言えば。そう言いなさい」

なんて言われて、八公《はちこう》、

「八《はっ》つぁん、当たったね。おめでとう」

「ぎょけい」

「おい、すごいことを言うね。さすが、違うね。金が入ると」

「八つぁん、おめでとうございます」

「ぎょけい」

「ははぁ、恐れ入りました」

で、仲間に会うんだ。

「おう、八五郎。よう、おめでとう。え？　何だい」

「ぎょけい」

「何？」

「ぎょけい！」

「何だい、そりゃ」

「〝ぎょけい〟っつったんだよ」

「浅草の浅草寺、行ってたんだよ」

わかる？　これ。

〝ぎょけいっつったんだよ（御慶って言ったんだよ）〟……〝どこへ行ったんだよ〟。

「何つったの、お前」

「ぎょけい」

「何？」

「ぎょけいっ（て言っ）たんだよ」

「だからお参りに行ったんだよ」［＊72］

こういうものすごい駄洒落、こういう部分も落語は有している。また、多くの部分を持ったり、落語のストーリーのある部分を持ったり、落語の落げにドンと入ったり。

火事で落ち目になって、娘を売った金を盗まれて、どうにもならなくなって首をくろうとしたところで目が覚めて、

［＊72］落語『御慶《ぎょけい》』の一節。

「ああ、おどろいた。兄貴、怖い夢を見ましたよ」

「どんな夢だ」

「こうこうこういう夢で」

「ほう、そうか。だけど〝火事の夢は燃え盛る〟と言うよ。お前《われ》がとこの身代は、また大きくなるよ」

「俺、あんまり蔵のことが心配なもんで」

蔵から火が入って火事になるっていうストーリーなんだ。

「蔵のことが心配なもんで」

「無理はねえ。夢は土蔵（五臓）の疲れだ」

面白くもなんともないけどね。『鼠穴《ねずみあな》』という落語。

## 知恵を絞って遊ぶ文化

話を戻すと、落語ばかりでなく、俳句、川柳、狂歌、狂句、いろいろなものに駄洒落が入ってくる。例えば、大田《おおた》蜀山人《しょくさんじん》、大田直次郎《なおじろう》。江戸時代、爛熟《らんじゅく》した文化・文政の時代。蜀山人は、駄洒落を使う（第二回参照）。

それらがもっと複雑になって、いろいろ枝が張られていくと、「回文《かいぶん》」なんてものができる。

「竹屋が焼けた」

「私負けましたわ」

「旦那がなんだ」

だんだんふざけてくると、

「猿股《さるまた》貯まるさ」

「くどい梅毒」

「マカオのオカマ」

これはよくないね。

「談志が死んだ」

いろいろなところで知恵を絞って駄洒落を遊んでくる、〝ひとつの文化〟があったんでございます。

日本ばかりでなく、アメリカにも当然ありますよね。古い話だけど、ハワード・ホークスの『ハタリ!』(一九六二年公開)。ジョン・ウェインが主役の猛獣狩りの映画ですね。「ハタリ」は「危険」という意味のスワヒリ語だと聞きましたがね。

〝明日は猿を一網打尽にしよう〟ってんで、網を飛ばして猿を捕まえちゃおうと。

「そういうわけだから、みんな明日は鎧《よろい》みたいなものを作ってきて防備しねえと危ねえぞ」

ってんで、みんないろいろな形をしたものを着て集まった。レッド・バトンズ［＊73］が酔っぱらってきて、みんなの形を見て、「ユーのスタイルはまるでキングシーザーのようである」と。

「ユー・アー・ブラックナイトだ」

「ユー・アー・イエローナイトだ」

「ユー・アー・レッドナイトだ」

「ユー・アー・グッドナイト」

そういうくだらない駄洒落を結構いろいろなところで使ってる。中国も韓国も、みんないろいろあると思いますがね。

今でも、我々はふっと遊びます。例えば「東京二十三区で遊んでみよう」と。

渋谷区で言えば「どうもしぶやく（しばらく）でした」。

大田区は「おおたく（おたく）は繁盛してますか」。

江東区「こうとうく（幸徳《こうとく》）秋水《しゅうすい》」、これはわからないだろうな、幸徳秋水。

北区は「きたく（帰宅）は遅くなるよ」

［＊73］レッド・バトンズは、米国の喜劇俳優、コメディアン。一九一九〜二〇〇六年。一九五七年公開の映画『サヨナラ』でアカデミー助演男優賞を受賞した。

我々もそんなような遊びをやったりして、無聊《ぶりょう》……ってほどのもんじゃないけど、暇つぶしにやったりするという部分がございます。

## 『三方一両損』のくだらない面白さ

この駄洒落が落《さ》げに来る落語、くどいようだけど、そういう落語を〝上等の作品〟とは言わない。〝ストーリーが面白くても落げで壊してしまう〟と言う。

『三方一両損《さんぼういちりょうぞん》』といって、江戸っ子の粋《いき》がった噺がある。

金を落とす。それを拾った奴《やつ》が届けに行くと、

「俺の懐を嫌ったような金なんぞに用はねえ。書付《かきつけ》と印形《いんぎょう》（印鑑）は大事だから貰っとくが、その金はお前《め》えにやるから持って帰んな」

「ふざけたこと言うな、この野郎。なんだと思ってやがる、馬鹿野郎。俺はそんな金が欲しくて来たんじゃねえ。手前《てめ》えに届けて……」

「〝いらねえ〟って言ってるだろう。持っていけば何か食えるぞ、飲めるぞ」

「ふざけんな、この野郎」

「まごまごしってやっと、張り倒すぞ」

「おや？　金を届けに来て張り倒されるなんて話は、聞いたことがねえ。殴れる

もんなら殴ってみろ。……あっ、やりやがった、こん畜生《ちくしょう》」

　喧嘩になってね。大家さんが間に入って、

「まあまあ、まあまあ。とにかく、わかりました。あなたが届けてくれたのを？……こいつは馬鹿ですから、白州《しらす》の砂利の上で謝らせますから、ひとつご勘弁ください」

　で、届けて殴られたほうは、帰ると大家に、

「どうしたい？　髪が乱れてるじゃねえか」

「こういうわけで、喧嘩したんだ」

「お前、何か？　その金を貰ったのか？」

「大家さん、冗談じゃねえや。そんな金を俺が貰うわけねえだろう？　そんな金を喜んでもらうようなら、あっしはもう立派な親方になってますよ。こっちは親方なんぞになりたくねえ。出世するような災難には遭《あ》いたくねえ」

　いいねえ。金持ちに聞かしてやりたいね。まあ、江戸っ子の憧れかもしれないが。

「そんな金なんぞ。こっちは金持ちなんぞになりたくねえ。親方なんぞになりたくねえから、〝何とかならねえように〟って朝晩、金毘羅《こんぴら》様にお灯明《とうみょう》を上げて拝んでる」

「泣いてるね。妙な奴だな。よし、訴えて出ろ」

と、両方で訴えて出る。お白州の場面になって、大岡越前《おおおかえちぜん》が出てくるが、〝三両いらない〟〝受け取らない〟。

「ならば越前にくれるか？　越前が貰っていいか？」

「ええ、そうしてください。お奉行様、そのほうがさっぱりします」

「いい心がけだな。お前たち二人の心がけが気に入った。二両ずつの褒美をつかわす。奉行が一両加えて、そのほうたちに二両ずつの褒美をつかわす、どうだ。三方一両損と言う」

「え？　何でございます？」

「うむ。奉行の預かりが三両ある」

「貴様も、返してもらったものを素直に受け取れば三両ある。そっちも、その〝いらない〟というのをもらえば三両ある。奉行も貰いは三両。それに奉行が一両を加えて、二両ずつの褒美をつかわす。で、『三方一両損』とはどうだ」

「はあぁー、ありがたい裁きにございます」

ってことになって、

「だいぶ調べに時を移したな。一同、空腹であろう。膳部《ぜんぶ》の支度をして馳走《ちそう》してつかわせ」

「なんです？　ゼンブ？　全部食えるの？」

「そうじゃないよ。ご馳走になる」

「すいませんね、お奉行さん。ありがとうございます」

「腹が減ったらまた喧嘩しよう」

「馬鹿なことを申すでない」

「ああ、来た来た。鯛《てい》だよ。こんな大きいの、お前ぇのとこみてえに鰯《いわし》でもって飲んでるのとは、わけが違うんだから。どうでい、どうでい」

「こらこら、いくら空腹だからといって、あまり一時に食すな。腹も身の内だぞ」

「大丈夫なんですよ。多くは（大岡）食わねえ、たった一膳（越前）」

下らねえって言えば、こんな下らねえのはねえやね。だけど、ここまでバカバカしくなるといい。この落語『三方一両損』は、落語の中の「お調べもの」の一つなんですけどね。

くどいようだが、駄洒落は、文化の中のある部分を引き受けていて、それが生活に潤いを与えている。駄洒落を言うことによって、つまり、一つの思考ストップとでもいいますか、グチャグチャになっているところを、駄洒落でストンと割ってしまう。

落語もその了見《りょうけん》を引き受けている。ストーリーがあって、〝これからどうなるんだ〟と思っているところにストンと落っことす。「落ち」ですね。

### 実演『洒落小町』

「思考ストップ」というのは、中身が濃い。この場合〝濃い〟というのはどういうことかというと、〝哲学的〟ということ。

例えば、数字的なもの、数学にはキリがない。「天文学的数字」なんと言って昔は切ったんですが、今は天文学どころの騒ぎじゃないですよね。「空には数百万の星が……」と言ったって、結局はよくわからないから「天文学」と言ってたんでしょう。今〝数百万〟なんぞ、「おい、ちょっと貸してくれ」くらいなものでしょう。

キリがないから、人間どこかで思考ストップしないと保《も》たない。そのために駄洒落を使っているという判断も可能になってくる。

同音異義、あるときは熟語を使う。「かんじょう」は感情、勘定、環状。「けんか」は喧嘩、県花。「きょうめい」は、共鳴、今日命（日）。あるいは、いろいろな動詞や形容詞。「かける」「はしる」「ちぢめる」「落ちる」「高い」……そういうのをかけ合わせながら考えて発表する。または、揉めてるときにスポンと言って、さっきの「グッドナイト」じゃないが、〝その場を解決しちゃおう〟ということ。

その最たるものに『洒落小町《しゃれこまち》』という落語がある。たまには、ちょいと聴かせようか。

「おい、おい、おいおい、松《まっ》ちゃんじゃねえか、素通りはねえだろ。寄ってきな。上がんなよ」

「おや、まあぁー、大家さぁーん」

「そんな大きな声しなくたっていい。こっちへ来なよ」

「まあ、お邪魔します。すみませんね」

「忙しいかい?」

「〝忙しい〟ったってありませんよ。貧乏暇なしというんですかね。世の中、嫌ですね。選挙がどうのこうのとか、人殺しがどうのこうの。首切ってどっかへ持ってったとか、警察へ持ってったって。そうかと思うと地下水が……」

こういうものも、これが出るころには古くなっちゃってるんでしょうね。

「飛行機が落っこちるとかさ、火星人が攻めてきた……」

「おいおい、お松ちゃん、ちょっと待っとくれ。これは古典落語と言ってな、昔の話をするんだよ、な。せいぜい、江戸から明治あたりまでにしてもらいてえなぁ。現代の話をするんじゃない」

「そうですか？　ちっとも知らなかったからね。そういえば、明治天皇は丈夫ですね」

「急に変わったねぇ、おい。どうしたい？　亭主は」

「馬鹿ですか？」

「何？」

「熊公《くまこう》でしょう？　あの野郎……」

「何だい」

「狸《たぬき》野郎、狐《きつね》野郎、貉《むじな》野郎、穴熊《あなぐま》野郎」

「ちょい待ち。どうでもいいけど、聞きづらいねぇ。仮に何であろうが、亭主関白とまではいかないまでも、自分の旦那じゃないか。それを捕まえていきなり〝馬鹿ですか〟。驚いたね、こりゃ。狸野郎の、狐野郎の、貉野郎の……何だ、そりゃ」

「だってさ、満足な稼ぎもねえくせしやがって、たまにいくらか入るってえとすぐ遊びにいって帰ってこねえでしょ。穴《あな》っ這《ぱい》りばっかりして」

つまり昔、遊廓《ゆうかく》、俗な言葉で女郎屋、「廓《くるわ》」って言うといくらか品が良く聞こえるが、たかがしれてる。そういうところへ行って帰ってこない。居続けしたりなんかして、のべつ行ってる。「穴ごもり」からきた「穴っ這《あは》り」。エロの、つまり女性の穴ということも引っかけているのかもしれないけど、そういう卑猥《ひわい》な意味ではなく。

「おや、お前さん、また何かい？　穴っ這りかい？　すごいねぇ」なんてなことを言って、逆に褒められる、賛美の言葉にもなって、「おや、火の用心？　穴っ這りかい？」「おう、お前はずっと穴っ這りだな」……。

「そうか、それでお前は〝狸野郎〟〝狐野郎〟って言うのか」

「聞いてくださいよ、あの野郎。満足な稼ぎもねえくせしやがって、こないだもうちに、休みなら家に居りゃいいじゃないですか。そわそわしてやがるんだ。〝こいつはおかしいな〟と思ったから、私は見てた。ジーッと目を離さない。くっついて行く。我慢ができなくなりやがった、あの野郎、〝ちょいと出かけてくるから羽織を出せ〟ってね。羽織を着て、ヒョコタンヒョコタン歩いていきやがった。私が後ろ付けてることも知らねえで。

それで停留所二つばかり行きましたよ。そこんところを左へ曲がって右へ曲がって、何とか横丁《よこちょう》とか何とかというところへ入っていきやがった、この野郎。奥から二番目の家《うち》で、ぶらり下がった水瓢簞《みずびょうたん》か何かのある、変な助平《すけべ》ったらしい家ですよ。ガラガラッと開けて入っていきやがってね。中開けるとおっ母《か》ぁが出てきやがって、婆《ばば》ぁみたいなのがお世辞使って、さんざっぱら普段言いつけないようなことを言いやがって、二階へ上がったんでしょうね。音が聞こえてきましたよ。テレンテンテンテンチンチョン、トンチキチキチキチン」

「何だ？　そりゃ」

「ですから、三味線と太鼓の物真似《ものまね》ですよ」

「変な物真似するなぁ、まったく」

「〝この辺だ〟と思うから、あたしはガラガラッと開けてね、〝ごめんください！〟と入った。婆ぁが出てきやがって、〝どちら様〟〝どちら様もこちら様もないよ。上にいる奴を出してくれ〟って言ったら、〝そんな人はいません〟て、白《しら》ぁ切りやがって、このクソ婆ぁめ。

〝下駄があるじゃないか、馬鹿野郎。あの間抜けな声を出してるのがうちの亭主なんだから、出してくれ〟

〝いいえ、そんな……〟

〝どけ、この婆ぁ〟

ってあたしは婆ぁをどかして、タンタンタンタンと階段上がって、もう一つでもって上がるってところに、ふと見たら、あの野郎、階段の上のところに仁王立《におうだ》ちで、ぶっ立ってやがる。足を掛けたところを諸手《もろて》でドンと突きやがる。たまりませんよ。ガラガラガラガラ、ドスンと落っこっちゃう。片足掛かって浮いてるところを諸手突きを食いやぁ、たまらないですよ。こっちだって下手《したて》が一本入ってりゃ、取れますよ」

「すごいね、おい」

「ガラガラ、ドンと落っこちゃって、足が天井を向いちゃってるから、はだけて丸見えになっちゃった。恥ずかしいも何もバタバタやってるところへ、野郎、降りてきやがった。

〝この薄みっともない焼もちを焼きやがって、馬鹿野郎め。なんて野郎だ〟って、髪の毛引きずり回してポカポカ殴るでしょ。癪《しゃく》にさわるから、畜生、野郎の脛《すね》っ節《ぶし》に食いついてやろうかと思ったけど、入れ歯忘れちゃって、歯ァ……」

「うるさいなぁ。はぁー、聞いててガンガンするよ」

「あたし、ガクガクしてますよ」

「どうでもいいけど、お前もよくないいな」

「なんであたしが悪いんですか、向こうが悪いんじゃないですか。そんなことして、穴っ這りしてやがって」

「そうだろうけどね、うーん、なんというかな、男と女だ。〝先の出ようで鬼にも蛇《じゃ》にもなります神にも仏にも〟って言うんだよ」

「なんですか？　それ」

「〝なんですか〟って、なんて言うかなぁ、こういう話があるんだよ」

「どんな話ですか？」

「在原業平《ありわらのなりひら》ってね」

「ああ、知ってますよ。よく会いますよ」

「会うわけないよ。昔の人だ」

「そうですか。知りませんよ」

「その在原業平が、女房がありながら、山を越えた河内国《かわちのくに》に自分の想《おも》い人《びと》がいたんだ」

「はぁ、重いもの。沢庵《たくあん》の石ですか？」

「何？」

「重いものでしょ？」

「そうじゃないよ、自分が好きな……」

「はぁはぁはぁ。で、どうしたんですか？」

「夜ごとの河内通いだ。あるとき、雨風の激しい嵐の晩だ。〝さあどうしようか、行こうか行くまいか〟考えていると、女房が〝お行きあそばせ。こういうときに行かないと、あなたの誠《まこと》を疑われますよ〟と言って送り出した。送り出された業平は、〝はてな。女がいるのを承知の上で出す？　そうか、女房にも忍んでくる男がいるんだな〟と、男の焼きもちだ。それでずっと庭の隅にうずくまって見ているってえと、戸がガラガラッと開いた。〝さては〟と思うと、闇夜《やみよ》に向かって、その女房が歌を詠んだ」

「ヌタですか？」

「ヌタじゃないよ。歌だよ」

「ブーブーッての？」

「そりゃ豚だよ、馬鹿野郎。くだらないこと言うんじゃねえ」

「〝風吹けば沖《おき》つ白波《しらなみ》竜田山《たつたやま》　夜半《よわ》にや君がひとり越ゆらむ〟［＊74］……とな」

「ほう、都々逸《どどいつ》ですか？」

「都々逸じゃないよ」

「それを聞いた業平が〝この放埓《ほうらつ》な俺をこれほど案じてくれるこの女を離したら、他に女がいるものか〟と言って河内通いをプッツリやめて女房を大事にした

［＊74］「風吹けば沖つ白波竜田山　夜半にや君がひとり越ゆらむ」は、『伊勢物語』『古今和歌集』などに収載された和歌の一つ。「詠み人知らず」とされる。

という。歌で夫の浮気を止めたというくらい、すごいもんだ」

「はぁ、そうですか」


「小野小町《おののこまち》って人はな」

「あら、小野さんでしょ？」

「知ってんのか」

「知ってますよ。自転車屋でよく会いますよ」

「馬鹿なことを言うんじゃない。昔の人」

「そうですか。知りませんよ」

「何ぞってえとお前はそれだね。歌でもって雨を降らしたってんだからな。だからまあ、歌と言わないまでも、そうだね、亭主が疲れて帰ってくるんだ。なんのかんの言いながら……」

「遊んでるようなもんでしょ？」

「そういう言い方をする奴があるか、馬鹿野郎。上の者に気を遣い、下の者に気を配り、仲間にもいろいろ気を遣って疲れて帰ってくる我が家じゃないか。なんであろうが一応〝ご苦労様〟と言って、浴衣《ゆかた》に着替えさせて、手拭《てぬぐ》いやシャボン持たせて、お湯へ遣《や》って帰ってくる。お前さんが酒を、燗《かん》でも冷やでもいい、ちょっとしたものを拵えて注《つ》いでやる。お前も一緒になって飲む。〝たのしみは春の桜に秋の月　夫婦中よく三度くふめし〟という狂歌があるくらいなもんでな。そうすると、行かなくなっちゃう」

「歌ですか？　歌えますよそんなもの。

♪擂鉢《すりばち》をー　伏せて眺めりゃ三国一《さんごくいち》の
　味噌《みそ》をするがの富士の山
　キビスガンガン　イガイドンス
　キンギョクレンスノスクネッポ
　スッチャンマンマン　カンマイカイノ
　オッペラボウノキンライライ
　あほらしいじゃおまへんか」［＊75］

「馬鹿なこと言ってんじゃないよ、お前は」

「そうですか、じゃあ今度は、♪一つ出たホイのヨサホイのホイ　一人娘とやるときにゃホイ……」

「馬鹿野郎。そんなものを言う奴があるか、こん畜生。お前なんぞ駄洒落が上手いんだから、それをできるか？」

「できますよ。〝駄洒落、放《はな》しゃれ、錣《しころ》が切れる〟」

［＊75］「擂鉢《すりばち》を伏せて眺めりゃ……」は、明治時代に流行した唄『欣来節《きんらいぶし》』（「金来節」とも）の一節。

「〝祭しゃれ、放しゃれ、錣が切れる〟……ほう、綱上《つなじょう》［＊76］だな」

渡辺綱《わたなべのつな》が、綱は上意《じょうい》を蒙《こうむ》りて、羅生門へとかかる。おりしも雨の中から美女が来て、これが鬼女で片腕を斬るという有名なエピソードがございますがね。

「じゃ、ここにあるものでやってごらん。ここにある火鉢で」

「わけないですよ。火鉢（しばし）の別れ」

「火鉢の別れね。畳は」

「畳（熱海）の海岸散歩する」

「ふーん、なるほどね。この駒下駄《こまげた》」

「駒下駄茂兵衛《こまげたもへえ》」

駒形《こまがた》茂兵衛、『一本刀土俵入《いっぽんがたなどひょういり》』［＊77］。

「天井に梁《はり》が」

「天井にかける梁（戦場にかける橋）』

「デヴィッド・リーンが出てきたな。あ、そう。ほうほう……草履《ぞうり》」

「草履大臣安倍《あべ》……」

「ほうほう、草履大臣ね。金魚屋が来たよ」

「金魚迷惑」


［＊76］「綱上」は、江戸の小唄・端唄《はうた》『綱《つな》は上意《じょうい》』の略称。平安時代の武将・渡《わた》辺綱《なべのつな》が京の羅生門で鬼退治をする勇壮なくだりから、吉原の羅生門での男女の軽妙なやりとりへと急転する。

［＊77］『一本刀土俵入』は、劇作家・長谷川伸による戯曲。歌舞伎、演劇などで上演され、映画・テレビドラマ化もされた。駒形茂兵衛は、その物語の主人公で、相撲取りから挫折した男。

「早いね、おい。八百屋が」

「八百屋ぁー、八百屋ぁー、遠からん者は音にも聞け」

「すごいね。菜《な》と蕪《かぶ》で」

「なかぶら（中村）歌右衛門《うたえもん》」

「ほほう。唐茄子《とうなす》」

「ゆうべ唐茄子（どうなす）ったんですか？」

「バカバカしくっていいや」


いろいろな駄洒落を言う。もちろん現代風にアレンジして演る者もいれば、昔ながらの「衝立《ついたて》があるよ」「ついたて（一日）、十五日、二十八日」……この三日間が、商店の公休日だった。

昔の駄洒落だから、有名な文句を茶化《ちゃか》さなきゃいけない。「草履」なんて言うと、「草履は狐の子じゃものえ」「童子《どうじ》は狐の子じゃものえ」、「さてどんじりに控えしは」って言うと「さて豚汁《とんじる》に控えしは」、「花は桜木、人は武士」「花は何とか鰹節《かつおぶし》」とか、昔の文句を洒落たりする。

「それやんな。亭主が帰ってきたら、いま言う通り支度をしてやって、何か言ったら駄洒落を言ってやると、和《なご》やかになるんじゃないの？　ならなかったらまたいつでも相談に乗ってやるから。まま、いいからな、とにかくまぁ、帰って……」

「そうですか。どうもありがとうございました。……はーい、駄洒落でしょ？わかりましたよ。♪一つ出たホイのヨサホイのホイ……」

「まったくなぁ、家《うち》へ帰ったって面白くもなんともねえ。人が一言いえば二言も三言も返しやがる。〝口じゃ手前ぇに敵《かな》わねえ〟って言ったら、〝腕ずくでも負けねえ〟って言いやがった、あの野郎。とんでもねえ野郎だ、まったく。家へ帰ったって居たこともねえし。どこで何をしてんだか知らねえけど、金棒を引いて、あっちでパアパアこっちでブーブー言っちゃあ……。

……なんだ、おい、居るよ。どうしたい。鏡の前に座って化粧《こんなこと》してやがる。大丈夫か、気が違ったんじゃないのか、おい。男でもできたのかね。できりゃ嬉《うれ》しいよ、〝持っていってくれ〟って言いてえくらいなもんだい。……おっ母、今帰った」

「あらまあ、お帰りあそばせ」

「うーん……」

「まあ、お前さん帰ってくるの待ってたのよ。お仕事ご苦労様。大変よねぇ。楽なように見えたって、そりゃこっちが見てるんで、お前さんの立場になりゃさ、上の者に気を遣ったり下の者に気を配ったり、仲間に対してもいろいろあるんでしょ？　ご苦労様でした。お湯行く？　行くならすぐ支度をしてシャボン持って手拭い持って、行ってらっしゃい。帰ってきたら支度しておきますよ。何がいいんですか？　お酒ですか、ビールですか、サイダーですか、ラムネですか、アイスクリームですか？　それともウイスキーにしますか、ブランデーにしますか、ジンにしますか、ラムにしますか？　肴《さかな》は鮪《まぐろ》にしますか、お刺身がいいですか？　天ぷら、鰻《うなぎ》、それとも酢の物？　何でも作りますよ。何がいいですか？　鯛ですか？　イカもありますよ。それともすき焼きがいいなら、すき焼き、とんかつ、チャーシューメン、ワンタンメン、ボルシチ、シャシリック……」

「畜生め、滅茶苦茶なことを言いやがって」

「まぁー、綿飴《わたあめ》にでもしましょうか？」

「くだらないことを言うな」

「〝言うな〟？　……いうなお（夕顔）棚のこなたより」

これ、わからないでしょ？　『太閤記《たいこうき》』［＊78］十段目ってところで、「夕顔棚のこなたより、現れ出《いで》たる武智光秀《たけちみつひで》」。「明智《あけち》光秀」が「武智光秀」になる。「大石《おおいし》

［＊78］『絵本太功記』は、江戸時代の人形浄瑠璃・歌舞伎の演目。安土・桃山時代を舞台に、明智光秀が主君・織田信長を討ったのち秀吉との合戦に敗れて没するまでの十三日間を、一日を一段として描く。歴史上の人物を実名で登場させることがはばかられ、登場人物は武智光秀、真柴久吉などとされている。歌舞伎では最も有名な第十段目「尼《あま》ケ崎閑居《がさきかんきょ》の場」が演じられる。

内蔵助《くらのすけ》」を芝居でやると、「大星由良之助《おおぼしゆらのすけ》」になるのと同じように。それで、

「夕顔棚のこなたより、現れ出たる武智光秀」

「何だい、そりゃ」

「〝何だい〟……♪会津《あいづ》何だい（磐梯《ばんだい》）山《さん》は宝ぁのコラ山ぁよぉー』［＊79］

「くだらねえこと、よせ」

「〝よせ〟……寄せては返すぅ波の音ぉー」

「くぅー……。気違い」

「〝気違い〟……きちがい（市谷《いちがや》）赤坂麹町《あかさかこうじまち》　タラタラ落ちるがお茶の水　テケレッツのステックパァー」

「やってらんねえよ、こりゃ」

「ちょいと、行っちゃ駄目だよ。ほら、足止めの歌があったよ。なんだっけな……風吹けば沖つ白浪、赤城山、うらみ葛《くず》の、葉っ！」

「何だ、この野郎」

「あら、ちょいと、ちょいと。……行っちゃった。駄目だこりゃ。大家さんのところ行ってこよ。

大家さぁん」

「何だ」


［＊79］「会津磐梯山は宝のコラ山よ……」は、福島県に伝わる民謡『会津磐梯山』の一節。

「〝何だ〟じゃないですよ。駄目ですよ、あん畜生」

「何が」

「帰ってきたんですよ。いろいろ言ったら〝いろいろ言うな〟って言うから、〝いうなお（夕顔）棚のこなたより〟。馬鹿ですから、あいつ、『太閤記』十段目も何にも知りゃしない。〝何だい〟って言うから〝会津何だい山は〟、〝よせ〟って言うから〝寄せては返す〟とかね。〝気違い〟……〝きちがい赤坂麹町タラタラ落ちるがお茶の水　テケレッツのステックパァー〟。行かれちゃいけないと思うから、足止めの歌もやりましたよ」

「何だ、足止めの歌ってのは」

「大家さんが教えてくれたじゃないですか。〝風吹けば沖つ白浪赤城山　信太《しのだ》の森のうらみ葛の葉〟」

「いい加減におしよ。まるで違うじゃないか。〝うらみ葛の葉〟って、そりゃお前、狐の歌だよ［＊80］」

「狐の歌？　それであん畜生、また穴っ這りだ」


［＊80］「葛の葉」は、「葛の葉伝説」に登場する大坂・信太《しのだ》の森の狐の名。伝説では人に化け、恩人の妻となるが、息子に正体を見破られ、「恋しくば　尋ね来て見よ　和泉《いずみ》なる　信太の森の　うらみ葛の葉」という歌を残して森へ消えた。その子が有名な陰陽《おんみょう》師《じ》・安倍晴明と伝わる。

## 教養を背景にした江戸の娯楽

昔は売り物にして演ってたんですがね、しばらく演らないんで、ずいぶん抜けてるけど。そんなことはどうでもいい。抜けてる抜けてないなんて、落語を聞かせる番組じゃないからね。言い訳には及ばないけどね。

そういうわけで、ありとあらゆるところに駄洒落というものが存在して、くどいようだが、それは一つの思考ストップ、また並行して、当時の時代背景があった。

江戸から明治に入っていくと文明開化になりますが、「文明」が開化をしていなかったころ、文化を楽しんでいた。自分の心の置き所、安定……というけども、本当の安定ではないかもしれないが、疑似安定であろうがなかろうが、それらを求めて楽しむ。自己の人生の喜びとしたり、またはそれらを知ることによって、自分の知性を修練する。

蜀山人ほどになると、人を助けるところまでいく。

ふと思い出した。新しい春、つまり正月に少将《しょうしょう》がご登城《とじょう》したら、袴《はかま》に鼠《ねずみ》の小便がかかって、「縁起でもない」ってなことになって蜀山人を呼びにやる。と、来て言うわけです。

「鼠めが殿上人《てんじょうびと》の真似をして　滴《したた》り落ちる四位《しい》の少将」

「しい」ってのは「しぃーこいこい」のおしっこのことね。少将、機嫌が直って、四位の位《くらい》をもらったという。作り話みたいですけどね。

ある殿様に呼ばれて、「五色《ごしき》の歌を詠めよ」と、いきなり言われた。お殿様は、文人を呼んで自分の教養の足しにする、あるいは〝これだけわかってる〟ということを確認するということもある。

五色は、カラーという意味ね。

「借りて着（黄）る合羽《かっぱ》は黒し裏白し　行くは青山ここは赤坂」

それから有名なのは、

「まだ青い素（白）人義太夫《ぎだゆう》玄（くろ）がって　赤い顔して奇（黄）な声を出す」

そういういろいろなエピソードが重なって、蜀山人はこのころの文士として最高の状況にいた人ですね。

それらを倣《なら》った人々によって、江戸一般に広がってくる。教養のバックがないとできませんから、例えば『三国志』の武将であるとか、合戦であるとか、それらの知識がバックにある者が酒の肴にしたり、仲間の会話に出したりして楽しんだ。またはトラブルが起こったとき、夫婦喧嘩や仲間とのいさかいでユーモアをポンと吐く。そのユーモアには駄洒落が圧倒的に多かった。

「多くは食わねえ、たった一膳」や「囲いができたね」「へぇ」の〝くだらなさ〟。で噺家は、「同音異義というのは、粋な素晴らしい落げに比べると低級である」と言うわけだが、そのくせ自分も言う。

そうやって駄洒落が成り立ってきたのは、くどいようだけど、そこには江戸の娯楽や教養があり、最たる遊びであったということでしょう。

現代でもどんどん駄洒落を言ってよろしいのではないかと思います。

談志が死んだ。このへんで。どうも。

第六回

# 落語家のシステム

## 「落語家」と「噺家」

起立、礼。よし、着席。吾輩《わがはい》は講師である。ヒッヒッヒッヒッ。

今日はですね、ジャイアンツがどうなるかという話、相撲はモンゴルに限るって話と、小便は我慢しないほうがいいという話、女を口説く話、いろいろ。〝行き当たりバッタとともに草枕《くさまくら》〟、そんなやり方なんですけどね。

今回は落語の稼業、要するに「落語家」の話ですね。「噺家《はなしか》」のほうが粋《いき》だと言う人がいる。演者の中にもです。

「〝落語家〟なんて野暮《やぼ》ですよ」

考えると、俺は「噺」をするんじゃない、「落語」を語ってるんだ。じゃ、その〝落語って何だ〟っていうと、前々から話してるがごとく、「人間の業《ごう》の肯定」[＊81]。〝業とはなんだ〟、人間が持っているものだ。

人間は自然に適さないから、常識というものでまとめて生活を送る、または種族を保存させる。その中に入り切れない、わかりやすく言やぁ、何度も言うが、「仲良くしろよな。夫婦だからな」ってことは、仲良くないのが前提ですからね。仲良くできないものをどうする。

「酒をやめりゃいいんだろう」

[＊81] 談志は、著書『あなたも落語家になれる（三一書房、一九八五年）』で、「落語とは、人間の業の肯定である」と定義した。

「そうよ」

と解決できりゃいいけど、そんなもんじゃない。

「どうしたってんだよ」

「わかんないんだけどさ、嫌なんだよ」

あるいは、

「私はあなたを嫌いな理由はわかりませんが、嫌いだということはわかるんです」

これに近いことです。〝常識で解決できないものにまで、立ち入っていこう〟というのが、私の落語。「常識に対する非常識」程度の落語はたくさんある。落語は一般的にはそこ止まりなんです。けど、私は〝そうではないのではないか〟と思っている。

一例を挙げますと、『粗忽長屋《そこつながや》』。粗忽者が二人在《あ》ったという落語です。一方が一方に、AがBに、

「おい、俺は今朝あそこに行ったろ、ほらあの、お前が〝行かない〟って言ったから俺が一人で行ったところ、ほら何て言ったっけ、どさくさ、どさくさじゃない、あ、浅草《あさくさ》の、ほら、こんなことやる（手を合わせる）……、何か言え、お前も」

「大根おろしか？」

「殴るぞ、この野郎。何で〝大根おろし〟なんだ」

「お前が〝何か言え〟って言うから、とりあえず大根おろし」

あのね、これ何でもいいいんですよ。

「何か言え」

「パチンコ屋か？」

この「大根おろし」って言葉が、可笑《おか》しいんですな。ボーンとウケるんです。なぜ可笑しいのかはわかりません。けど観客が笑ってることは事実です。さっきの〝嫌いな理由〟の話と同じようなもんです。そこまで入っていこうってわけなんですがね。

それらを含めた私の落語は、落語の歴史の中で初めてです。気が付かずに演《や》っていた落語の先輩たちはいます。〝気が付いているかどうか〟は、〝論理的に分解できるかできないか〟ですけども、感覚的にわかってりゃ、それでいいんですけどね。そういう人たちはいました。

柳家権太楼《やなぎやごんたろう》（初代）。

「熊を獲《と》るの、知ってるかい？」

「知りません」

「熊を獲るには、熊の穴のところに大きな戸板《といた》を上へかぶせちゃう。そんところへ、このぐらいの穴（両手で輪を作る）をあけとく。かぶせちゃうと、熊はそこから手を出そうとする。その熊の手を持って担《かつ》いできちゃうんだよ」

「ふむふむ」

「熊は引《ひ》っ掻《か》こうとしても、戸板があるからできねえ。で、こうやって担いできちゃうと、熊が獲れちゃう」

「ほう、上手《うま》くいく？」

「上手くいくと熊が取れちゃうけど、上手くいかないと熊の穴へ連れてかれちゃうんだい」［＊82］

こういうバカバカしい、なんとも堪《たま》らない突き抜けた笑い、ギャグ。で、これらを演っている私。気が付いている弟子もいます。間々《まま》います。それを演じている者もいます。実際には、（立川）志《し》らくなんてのは、その最たるものです。

これと、昔ながらの笑いとギャグ、テクニックと上手さですね。

「なるほど。談志の落語を聴いていると、なんとなく中間《ちゅうげん》とお小姓《こしょう》が違うんだよ

［＊82］初代柳家権太楼『熊の穴』の一節。

な。あいつ見てると、それがわかるよな。同じ女郎《じょろう》でも、吉原《よしわら》の女郎と、品川の女郎は……」

実際にはそんなことは演ったりしませんけどね。そういう〝上手さ〟みたいなものを含めて、「談志の落語はいいねえ」ってなことを言うんです。それぞれの世界で道を極めた、または名の通った人たち、吉村教授なんかもその一人と言っていいでしょう、それらが褒めてくれる。共感してくれる。〝どうでえ、伊達《だて》じゃねえだろう？　俺の落語は〟と、こういうことになる。

なのに、これも一つの時代なのかもしれないですね。時代というのは怖いもんでね、見事に流されていく……よそうね、愚痴になるからね。

## 落語の題材、春夏秋冬

〝落語とは何だ〟というと、江戸、または明治、昭和の初めあたりまでの、ありとあらゆるものが題材となるわけです。

外国からいろんな思想やモノが入ってきたが、せいぜい入ってきたのはライスカレーとか電話とかパン、という程度のもので、少なくもフランス語なんてのは入ってこなかった。

例えば四季で言えば、正月の行事があり、やがて豆まきになる。春は桜だ、やれ梅雨だ……。十二個分、並べてみましょうか。

正月は「かつぎ屋」なんてのが、縁起をかつぐ。

「さあ、めでたく明けたんだからひとつ皆さん、めでたく起きておくれよ。で、めでたく掃除をしてな、めでたくここのところを……誰だよ、このめでたく褌《ふんどし》をぶら下げた奴《やつ》は。めでたく汚いね」[＊83]

小噺にも、

「晴れ着なぞ着てな、いいもんで。どうドレスアップしても、日本の美、つまり背景には和服のほうが合いまして。

お正月、〝誰の似顔か羽子板抱いて、まげを気にする初島田〟……、着物に百人一首なぞを鏤《ちりば》めてな、上のところを見ると〝をとめの姿しばしとどめむ〟なんて、あぁいいなぁ。背中に〝いにしへの奈良の都の八重桜《やえざくら》〟、ケツのところに〝けふ九重《ここのへ》ににほひぬるかな〟、前へ回って見たら〝人こそ知らね乾く間もなし〟、ワァーーーーー！」

で、二月は豆まき、節分のジョークは、いくらもあります。

［＊83］落語『かつぎ屋』の一節。

節分の豆に追われた鬼があっちへ逃げこっちへ逃げ、あっちへ行っても「鬼は外」、こっちへ行っても「鬼は外」。〝何もやってないところはないか〟と、ふと見ると、風呂屋《ふろや》ですね。江戸で言うと湯屋《ゆうや》。〝ここなら大丈夫だろう〟と、ガラッと開けたら女湯だ。「しまった、ここも」……。

続ければ、「ここも豆だらけだ」とまで言ってもいいのかもしれませんがね。

豆とは何だ。

「女郎のは、あれは玄人《くろうと》だから黒豆だ」

「じゃあ普通の女は白豆」

「そう」

「天人《てんにん》のは?」

「空豆《そらまめ》」

春になると『長屋《ながや》の花見《はなみ》』で、

「どうだい、みんなで一つ、花見に行こうじゃないか」となる。

『雛鍔《ひなつば》』という、お雛様をネタにした落語もあれば、『青菜《あおな》』という落語もある。

そして雨が降ってくる。

「あーあ、退屈だねぇ。よく天にこれだけの水があると思うね。あー退屈だ。あいつと喧嘩《けんか》するんじゃなかったな。今あいつと碁でも打ってられりゃ、極楽なんだがなぁ」

「碁敵《ごがたき》は憎さも憎し懐かしし」という句そのもののごとくある『笠碁《かさご》』。一日《いちもく》で喧嘩して、またお互いに会う。そういう梅雨空をバックにした落語。

やがて雨が上がる。雷が鳴って上がる。雷の小噺は山のようにありますよね。

「雷は電気である」って言う奴がいるけど、あれは嘘なんで。雷はランプのころからあるもの。角生《つのは》やしてね、高木ブーみたいな格好をしてる。虎《とら》の皮の褌穿いて、あれが雷なんです。

亭主が雲の上でガラガラガラガラガラッ！　女房がカラカラカラカラカラッ、子供が一緒になってカラカラカラカラカラッ。雲と雲の間で子供だからピョンピョン跳ねて足を滑らせて下界へストーンと、落っこちた。いい塩梅《あんばい》に竹藪《たけやぶ》へ落っこちたんだね。怪我《けが》はなかったけど、虎が昼寝をしてやがる。ズンッ！　ときたから、虎が〝ウガァーーー！〟。

「お父《とっ》つぁん、いけないよ、褌が食いつくよ」

堪らないね、こういうの。

「おい、雷が落っこちたよ」

「来たよ、おい。大丈夫かな」

「イヨッ、おやかましゅう。イヨッ、皆さんどちらへ。お出かけ？　一つお供願おうじゃないか。イヨッ、イヨッ、ヨイショ」

「ばかに愛嬌《あいきょう》があるね。世辞が多いね」

「そう。あれ、雷の太鼓持ち（幇間《たいこもち》）」

太鼓を持ってる、それが雷なんだ。


やがて夏が来る。『夏の医者』だとか、『夏泥《なつどろ》』……泥棒ですね。


秋が来ると『目黒のさんま』。

松茸《まつたけ》が生えてくる。松茸のジョークは、山のようにあります。

「お母さん、恥ずかしくて表へ出られないわ、私」

「どうしたの」

「だってうちの塀のところに、相合傘《あいあいがさ》を書いて、私の名前を」

「年ごろだから、名誉だと思わなきゃ」

「だって、相手に男の人が書いてあるならともかく、松茸が描いてあるのよ」

「大きな声で松茸だなんて、言うんじゃないよ。消しときなさい」

「消したら、大きな松茸を描いて行っちゃったわよ」

「松茸松茸って、消しときなさい」

「消したら、もっと大きな松茸描いちゃう」

「いじるんじゃないよ、だんだん大きくなるから」

〝松茸は焼いて食おうか煮て食べましょか　生じゃお腹が膨れます〟って言うんだけどね。


冬が来る。そして大晦日《おおみそか》の掛《か》け取《と》り、勘定のやり取りがあって、また一陽来復《いちようらいふく》、春が来る。

**ありとあらゆる職業**

そして、商売。何屋、何屋、何屋、何屋、何屋……とある。ちょっと頭に浮かぶだけでも、鰻屋《うなぎや》、居酒屋、うどん屋、提灯屋《ちょうちんや》、豆屋、ざる屋、たが屋。大阪ではいかけ屋。代書屋、稽古屋《けいこや》、三味線などの稽古をするところですね。紙くず屋。中には首屋なんて物騒《ぶっそう》なものもある。首を売りに来るんだよ。

「えー、首はいかがですか」

「首屋だな。妙なものが参った。呼べ。

……代金はどうするんだ」

「手前が先にいただいて」

ってなことになってね、

「どうぞ」ってんで、刀を抜いてスポーンとやるってえと、首屋がフッと体をかわして、張り子の首をゴロゴロと転がした。

「こらこら、貴様。張り子ではない。そっちだ」

「ええ、こちらは看板でございます」


こういうものすごい『首屋』という落語。

たが屋が両国橋で侍と喧嘩をする『たがや』だとか、「〇〇屋」という題でなくても、鰻屋で幇間《たいこもち》がお客に逃げられちゃう『鰻の幇間《たいこ》』であるとか、ありとあらゆる職業が入ってくる。『俥屋《くるまや》』『蔵前駕籠《くらまえかご》』なんてのもある。

当然のことながら、女郎屋、春をひさぐ場所をバックに、騙《だま》し合いだとか、口《く》説《ぜつ》だとか、恋の駆け引きがあります。『品川心中《しながわしんじゅう》』『五人廻し《ごにんまわ》』『三枚起請《さんまいきしょう》』『文違い《ふみちが》』『強飯の女郎買い《こわめし》《じょろか》』……。

ついでにいうと落語のネタで使えるのは百五十くらい、私は百五十くらいありますが、まぁ多くて二百くらい。で、落語家は私の若いころはせいぜい百人いるかいないかだな、百人いなかったね。五、六十人。そんなもんだったな。今は五百人いるという。すごいね。まぁいいや。

## 落語で人生を覚える

職業ばかりでなく、「風俗」または「しきたり」とでも言おうか、結婚式や出産もある。『安産』という落語もあるし、結婚式の謡い「高砂《たかさご》やぁー……」を間違えてしまうものであるとか、新婚のどうのこうの、浮気の問題だ、子供をどうする……。つまり落語は、家庭生活を含めた人間同士のある場面、ある部分、あるところを語ってくる。

「おい、それじゃまるで『子ほめ』じゃねえか」
「おい、それじゃ『風呂敷《ふろしき》』だよ、お前」

その落語を思い浮かべることによって、自己を客観的に見ることができるという、大変プラスの面がある。

『三人旅《さんにんたび》』『二人旅《ににんたび》』『祇園祭《ぎおんまつり》』『九州吹き戻し《きゅうしゅうふきもど》』、いろいろな旅の噺があり、名所旧跡、訛《なま》りと、ありとあらゆるものが落語の対象になっている。だから落語は、〝人生を覚えるところ〟と言っても、決して過言ではなかったんです。

講談は歴史を覚える。落語は人間の、庶民の生活におけるいろいろな感情、状況を覚える。

酔っ払って帰ってくると、

「ちょいとお前さん、それじゃまるで『ずっこけ』だよ」

「ほう、俺は『ずっこけ』か」

「そうだよ、本当に、冗談じゃないよ」

「いやどうも」

なんということで、落語を聴いていると、危機とまでいかなくても、もめごとや喧嘩がチャラになるという大変結構な部分を持っているんです。

「風呂屋もあった」

「『湯屋番《ゆやばん》』だ」

「火消しがあったよ」

「『火事息子《かじむすこ》』だ」

「そうそうそう、義太夫《ぎだゆう》があったね」

「『寝床《ねどこ》』だな」

「はぁはぁはぁはぁ、婿入《むこい》りがあったな」

「『ろくろ首《くび》』だ」

〝じゃあ、これは？〟と聞かれて、ないものはないでしょうね。

「本当にないものはないかい？　宝くじは？」

「あるよ。『富久《とみきゅう》』だとか、『御慶《ぎょけい》』だとか」

「ジェット機は？」

「ジェット機はねえ」

だけど、操縦する人の気持ち、それを作った人の葛藤《かっとう》は、落語のどこかにあるわけですね。

## 前座の日常

〝どうやったら落語家になれるか〟という話をしようか。

今来るときにタクシーに乗ってね。失礼だけど割と年寄りだったんだ。

「年齢制限はあるんですか」って聞いたら、「いや別にないのですけど、まあ七十がやっとじゃないですか。年をとると仕事がないんですよ。タクシーの運転手と、あと管理人とでも言うんですかね。掃除夫とか、そういうようなものしかない」

だったら落語家になっちゃいなさい、皆さん。

落語家なんて、誰でもなれる。

昔は、〝訛りがあると駄目だ〟と言ったもんなんです。北海道だとか、国後島《くなしりとう》とか択捉島《えとろふとう》……かえって遠くに飛んじゃえばいいのかもしれないが、東京の近郷、埼玉、特に群馬とか茨城だと、イントネーションが直らないから駄目だと。けど、今平気だもの。地方がいますよ。東京なんぞ少ないですよ。

それで、「弟子にしてください」って言いますね。そうすると、まずOKなんです。みんな、なってる。入れちゃう。つまり弟子が来ると嬉《うれ》しいんだよ。他を自分のところへ寄せて、つまり〝類型を呼ぶ〟ことによって、手前《てめ》ぇが〝典型になれる〟って考え方もありますかね。

私が入門したのは、丸い顔した柳家《やなぎや》小《こ》さん、今の小さんの父親です。「まあやってごらん」と。高校一年くらいかな。

翌日から寄席へ行って、楽屋で見てるんです。先輩の前座が何をするかというと、師匠が入ってくると、当時和服が多かったから、下駄を、下足《げそ》を片付けて、外套《がいとう》を脱がして、帽子を取って、座るとお茶を出して、その間に、テケテンテンテンと太鼓を叩いたり、舞台で座布団をひっくり返したり、捲《めく》りをめくって、「師匠、次でございます」ってなことを言って、演ってるのを聴く。

昼席だと、十二時ごろから四時半くらいまで。十一時ごろに入ります。今はないですが、冬だと火を起こしたりなんかする。夜だと五時くらいから九時半くらいまでそこに居る。師匠の家《うち》から通う者もいれば、自分の家から通って、行く前に師匠のところへ「おはようございます」なんて、掃除したりなんかしてね。で、寄席へ行って、「♪太鼓叩《たた》いて笛吹いて、今じゃ私も前座の花よ」……てなもんだ。♪いつかなります真打ちに、高座返《こうざがえ》しも上野新宿人形町《にんぎょうちょう》……。

懐かしいね。〝人形町〟ってのが、いいね。人形町末広《すえひろ》[＊84]という、昔ながらの古い寄席がありましてね。

## 前座時代の稽古

で、師匠から落語を教わるんだ。

師匠は「そこに座んな」なんて言って、あぐらをかく場合もあれば座って演る

[＊84] 人形町末広は、東京・人形町に存在した寄席。一八六七（慶応3）年開場、一九七〇（昭和45）年閉場。東京有数の寄席として栄え、数々の名人もここで演じたが、戦後、テレビをはじめとした娯楽の多様化により客足が遠のき、閉場した。談志が企画したテレビ番組「金曜夜席」（のちの「笑点」）では、セットとして人形町末広の舞台が再現された。

人もいる。教えるときは、あまり感情を込めないで演る。

「狐《きつね》は七化《ななば》け狸《たぬき》は八化《やば》けと言って……」と、下を向きながら、

「狸のほうが一つ余計に化けるそうですが、化け方は狸のほうが間抜けでして愛嬌がありますが、狐は下手《へた》するってえと人の命も奪いかねないなんて、陰険に描かれております」

なんて、ボソボソと言ってるんだ。

「野良《のら》のところに居ると、田んぼの手休めにお百姓が大勢で手慰み《てなぐさみ》（博打《ばくち》）なんぞをしてましてな、そばに、いなり寿司《ずし》と海苔《のり》巻きがあった。〝食いてえな〟と思ったけど、入っていくわけにはいかない」

ボソボソと下を見ながら演ってる小さん師匠、可笑しいんですよ。これを「フラ」と言うんですが、得も言われぬ可笑しさがあるということ。

「そのうちに一人が〝ちょっくら用を思い出しただ。俺行くから、じき帰《けえ》ってくるから〟って中座したから、〝しめた、あいつに化けて入っちゃおう〟なんてんで、〝いやぁ、用は後でもええだから、ゆっくり手慰み《こんなこと》するか。その前にいなり寿司食うべ〟って言ったら、〝狸が来た〟って捕まっちゃった。化けるのを忘れて狸のまんま飛び込んじゃった……」［＊85］

なんてボソボソしゃべってるんだ。

［＊85］落語『たぬき』の一節。

これを舞台で演ると、

「わかるわけですな。バレるのは当たり前で、野郎、化けるのを忘れて狸のまんま飛び込んだ。そりゃあ、わかっちゃうわな」

なんて、こういうような演り方になってくる。それは高座から見て覚えるわけです。


小さん師匠の場合、最初は『道灌《どうかん》』という太田《おおた》道灌の噺をした［＊86］。

「誰です、この絵は」

「これは有名な太田道灌公だ。狩りに出掛けてな、雨に振られてあばら家を訪れると、一人の田舎の少女が出てきてな、〝傘を貸せ〟と言うと、顔を赤らめて奥へ入っていった。しばらくすると盆の上に山吹《やまぶき》の枝を手折《たお》ってこれを載せ、〝お恥ずかしゅう〟と言って、これを差し出した」

「ふーん、〝お恥ずかしゅう〟とはね。何だ、そりゃ」

「それがわからなかったんだよ。家来の侍が出てきて、〝七重《ななえ》八重《やえ》花は咲けども山吹の　実《み》のひとつだになきぞ悲しき……という古歌《こか》がございます。お貸し申したいが蓑《みの》がございません。〈実の〉と〈蓑〉をかけた断りの歌でございます〟と言った。〝はた〟と道灌公、膝《ひざ》を叩かれて、〝余は未だ歌道《かどう》に暗かった〟と言っ

［＊86］『道灌』は、落語立川流を含む柳派では入門した弟子が師匠に最初に教わる噺とされている。

て、その道に精進をして、後に大歌人《だいかじん》となったな」

「なるほど、燃えたね」

「何？」

「大火事」

「火事じゃない、歌人だよ」

なんというくだらないことを言いながら、こういう八《はっ》つぁんと熊《くま》さんだけが演ってるもの。


そのうちに大勢集まって「どうだい」「おう」なんてのを演る。

旅になって動いたりなんかして、

「早く来い早く来い、早く来いよ」

「いやぁ待ってくれ待ってくれ。この山はな」

「箱根山《はこねやま》だ」

「どのぐらいあるんだ」

「小田原《おだわら》より上《のぼ》って四里八町《よりはっちょう》、三島《みしま》へ下って三里二十八町、あわせて箱根八里ってんだ」

「ずいぶん長《なげ》え物差しで測ったな」

「殴るぞ、この野郎。長え物差しなんぞなくたって、仮に一間《いっけん》しか測れなくたって一間一間測って、後で足して算盤《そろばん》で寄せりゃいいだろう」

「ほう、目方は?」

「こんな大きなものを載せるのがあるか、馬鹿野郎」

「だからそんなのがなくたって、仮に一貫目しか測れない秤《はかり》でも、泥を杓《しゃく》ってきちゃあ一貫目を測り、また杓ってきちゃ一貫目を測り、後で算盤で寄せる」

「くっだらねえことを」［＊87］

その前に口慣らしで「寿限無《じゅげむ》寿限無五劫《ごこう》の擦《す》り切れ」［＊88］とかね、「自らことの姓名は、父はもと京都ぉの産にして、姓は安藤《あんどう》、名は慶三《けいぞう》、字《あざな》は五光《ごこう》……」とか、これは『たらちね』という落語。で、『平林《ひらばやし》』。

「これ、何て言うんですか?」

「これは、〝たいらばやし〟」

「いや、〝ひらりん〟」

「〝いちはちじゅうのもーくもく（一八十の木木）〟だ」

なんてんで、

「〝たいらばやし〟か〝ひらりん〟か、〝いちはちじゅうのもーくもく〟〝ひとつ

［＊87］落語『三人旅』の一節。

［＊88］落語『寿限無』の一節。

とやっつでとっきっき〃……」

そういう口慣らしを覚えて、それから短くて演りやすく、そしてウケやすい『饅頭怖い《まんじゅうこわい》』とか『寄合酒《よりあいざけ》』とか『お血脈《けちみゃく》』だとか。

……全然わかんないでしょ？　わかる人は？　何？　くどい？　左様でございますか。はい、すいません。

## 落語家の昇進

落語を覚えながら太鼓を覚える。客が入る前に、テケテンテンテレックテレックなんてのを覚える。その前に一番太鼓、ドンドンドンドンドンドンドンドンドンドントコイドントコイドンドンドンドン。で、おしまいになると、ドロドロドロ、出てけ出てけ出てけ、デンデンバラバラデンデンバラバラ、ガラガラガラ。

楽屋の用をしながら落語の修業をする「前座」、これは私は一年十ヵ月だったんですがね、長くて四年、普通に演ってりゃ、二年か三年すれば「二つ目」になれるんです。必要なのは〝年月〟で、〝内容〟じゃないですから。

二つ目を七、八年やって合計十年もすると、「真打ち」にしてくれるんです。「いいよ、こんな者。早く真打ちにしちまえ」と。日本の大学ってのは、入るまでが大変ですよね。入ってしまえば勝手に卒業させてくれると言っていいくらいですがね。で、落語の世界も、入れるまでが大変で出すのは簡単、十年で真打ちにしてくれます。

「真打ち」というのは、「真を打つ」。一座のおしまいを演る。だから真《しん》を聴きに来る。本来なら、「一席」というのは一晩保《も》つ落語ですが、そうも演ってられないからいろいろな人が出てきて、最後は〝どうだ〟というのが三十分なり一時間なり演る。

今は真打ちが上がると、バラバラ帰っちゃうんだよ。言い草がいいよ。名前は言わないけどね。

「今はね、道が遠くなってきちゃったから、八王子からまたバスに乗ったり、やれ横浜からまた電車へ乗って……だから帰っちゃうんだよね」

手前《てめ》ぇのせいじゃないらしい。よく言うよな。わかりやすく言やぁ、惚《ほ》れた女がやらせるって言ったら、一晩中だって待ってるだろ？　メキシコじゃないけど、♪ベサメベサメムーチョ……って窓のところへ歌を投げかけて待ってるじゃないですか。♪コモエスタセニョール……と。つまりそんな価値なぞなくて、ただ〝おしまいに出る〟ってだけです。出りゃ客がバラバラ帰っちゃう。

俺は絶対帰さないよ。また帰らない。帰るもんか。

で、私のところはアメリカ流に、フリーに入れてやる。〝入学はどうぞ〟だけど、〝卒業はさせないよ〟、〝これとこれだけやれば、卒業させるよ〟と。簡単なのに、卒業できない馬鹿がたくさんいる。何か自分の家《うち》の恥を晒《さら》してるようだけど、〝ようだ〟じゃなくて、〝やぁあだ〟でね。

「なら首にしたらいいじゃねえか」って言うけど、首にしようとしたし、もう随分首にしたんです。もう歳だから面倒臭ぇから〝早く（真打ちに）なってくれりゃあな〟と。つまりアメリカ方式をやっても心は日本人だから。でも、どうアドバイスしてどうやったって、できないんです。中にはスーッと行くのもいますが、できないのがほとんど。

**落語家になんなさい**

話を戻しますと、だから〝落語家になんなさい〟と。

「落語家って難しいんでしょう？」

何が〝難しい〟ですか。「門前の小僧、習わぬ経を読む」。般若心経《はんにゃしんぎょう》を覚えるのと同じですよ。「羯諦羯諦《ぎゃーていぎゃーてい》 波羅羯諦《はらぎゃーてい》」、あれですよ。あるいは「妙法蓮華経《みょうほうれんげきょう》」、はっきり言って、あんなもんですよ。

落語家ってのは、頭が良くて頓智《とんち》がきいて、ユーモアがわかって、洒落《しゃれ》が人一倍だと。世の中に、これほどの誤認はないんだ。言っとくけど、空《から》バカですよ。

野球の選手と同じだよ。相手が野球の話をしてくれりゃあいいよ、「広島は駄目ですねぇ」とか、「私はやっぱり中日が行くと思いましたよ」とくれば、「そうでしょ?」となる。これ、他の話をしてごらんなさい。何でもいいです。例えば「物価の問題について」とか「贅沢《ぜいたく》ってのは、何を基準に?」とか、こんな難しい話にしなくてもいいんですよ。

「今回の法案は……」って言っても、何ぁーんにもわからない。何聞いたって、わからないよ。落語家もそうですよ。

俺の弟子なんてのは、楽だよ。「何か小噺でも演ってみろ」なんてことを言われる。ご馳走《ちそう》になって、ちょいと小遣いも貰《もら》って。

「何だ、お前は」

「落語家なんです」

「落語家?　ほう、誰の弟子?」

「立川談志です」

「ほう、談志の弟子……、へえ、あの野郎、生意気なんだろ?　乱暴されたか?　引《ひ》っ叩《ぱた》かれたか?」

「いえ……」

なんて、俺の悪口をさんざっぱら言ってりゃ、下手すりゃあ二、三万の小遣いくれて、飲ませてくれる。だから癪《しゃく》だから金をふんだくってんだよ。「上納金」って言ってな。

何が言いたいのかというと、落語家はこんなものなんだ。それでも落語ブームがあって笑ってる。何が可笑しくて笑ってるのか。

**わかるかな？**

例えば同じ小噺でも、つまらない小噺もあれば、可笑しい小噺もある。

おならの小噺。屁《へ》ですね。いくらもありまして。

年寄りがブーッとおならをして、みっと（ミット）もないので、グローブもないので、バットもないので……、嫁になすりつけるんですね。「大きなおならをして」と。で嫁が「お母さん、おならが大きく出るのは長生きの証拠なんですよ」って言うと、母親が「そうかい、じゃ今のおならは私のだよ。返しな」。

『四宿《ししゅく》の屁《へ》』って落語がありまして。

女郎に待たせられる。待つのが一つの、男気とでもいうか、遊び人の価値とでもいうのか。で、さんざんっぱら待って、〝上がってきた〟ってんで、起きていて「腎助《じんすけ》じみている」と思われるのが嫌だから、狸寝入《たぬきねい》りをする。

腎助、つまり助平《すけべい》ということだ。腎臓がだんだん活発になると、「あいつは腎臓が張っている」「腎張《じんば》っている」。逆に「腎虚《じんきょ》」といって、腎臓が活発でなくなっちゃうと、勃《た》たなくなって、「もう腎虚ですよ」。「腎張ってる」からきて、「腎助だ」「腎助じみている」となる。

「腎助《じんすけ》じみている」と思われるのが嫌だから、狸寝入《たぬきねい》りをする。

「すいませんね、遅くなって。いやぁ、あのね……」

と言いながら、女郎が一発ブーッとやって、

「ちょいとちょいと、起きとくれ」

「おう、どうしたい」

「知ってんだろ？」

「何が」

「何がってさ、ねぇ。狸寝入りしてとぼけてるよ」

「俺は寝てただけだ。何なんだよ」

「〝何なんだよ〟って、今の大きな、ほら、ねぇ」

「大きな何？」

「知らない？」

「知らねえ。何なんだよ。何だい、〝大きな〟……」

「今の大きなさ、……地震」

「地震？　知らなかったな。屁の後か前か？」

これは、さっきの屁を取り返す噺よりはいくらかいい。

私はジョークに詳しいから、山のようにある。ジョークについては改めて別の回でもやりますが、「上手《うま》い」はイコール「わかるかな？」。


「神、愛、審美。この三つを簡単に表現してごらんなさい」

「はーい」

「言ってごらんなさい」

「神様、私は妊娠しました。誰の子だかわかりません」

旅へ出ていた男。女房には先に死なれて、娘と母親がいる。旅先から電話をかける。娘が出て、

「愛犬のジョンは元気にしてるかい」

「死んだ」

「え？」

「死んだ」

「お前、その言い方はないだろう、いくらなんでも。俺がどれほどジョンを愛していたかわかってるはずだ。もっと言い方があるだろう。例えば、庭に寝てた……聞いてるか？　庭に寝てた。だけど元気がない、何かおかしいと思うから医者へ連れていって薬をやった。けどまだ元気がない。どうしたかなと思って心配していた。そのうちに歩くようになってきた。それであるとき、庭の外を犬を連れている人が通って、その犬が〝ワンワンワン〟と言ったから、そこへポンポンと出ていったら車が来て、轢《ひ》かれちゃった、とか。なんとか、こっちの気持ちが起きるように……」

「はい」

「おばあさんはどうしてる？」

「庭で寝てる」

こういうものすごいやつね。ワッというようなジョーク。それと、わかりやすいのとがある。私はどっちかというと知性をくすぐるような〝やりやがったな〟というジョークが好きなんですよ。

「金正日万歳《キムジョンイルマンセー》」

金正日のところへ言ったら電話機がたくさん置いてあった、というジョークがあるんです。

「チャングン（将軍）、これはどこへ」

「ロシアへ直接」

「これは？」

「キューバへ」

「これは？」

「チャイナ」

「これは？」

「ルーマニア」

いろいろあって、

「韓国にはどの電話を？」

「韓国には電話は使わないよ。拡声器を使うんだ」

**実演『主観長屋』**

私はいいジョークのある落語を選ぶ。または、演ってる噺家は気が付かないけど、〝すげえな、ワンダーだな〟という落語。

さっき、『粗忽長屋』の話をしましたね。

「何か言え、お前も」

「大根おろしか？」

その男が一人で浅草《あさくさ》雷門《かみなりもん》の境内へ行くと、行き倒れ、つまり死体が菰《こも》に包《くる》まっていて、みんながワイワイガヤガヤ、ワイワイヤイヤイヨッコラサってやってるわけね。で、「見てくれ」ってんで、見てみると、「隣りに住んでる友達の熊公だ」って言うんですよ。

「ほう、よかった。どこの誰だかわからなくて困ってたところなんだよ。あ、そう。じゃあさっそく女房に」

「女房はいねえんです。こいつは独り者で」

「あ、そう。子どもは？」

「女房がいなくて子どもが……」

「あ、そうか。親は？」

「いない」

「大家《おおや》……」

「大家は嫌な野郎だから、引き取らない」

「誰も知ってる人が……」

「いないんだ、こいつは。天涯孤独で可哀想《かわいそう》な奴なんです」

ここで私のギャグが続く。

「世の中でこいつが一番可哀想なんだ。二番目に可哀想なのが〝マッチ売りの少女〟で、三番目が〝安寿《あんじゅ》と厨子王《ずしおう》〟なんですよ」

「何だそりゃ、一体」

いいジョークでしょ？　これを自画自賛と言うんです。


「じゃあどうしましょう。あんた友達だから、あんたが引き取る？」

「引き取ったっていいけど、当人のほうがいいだろう」

「え？」

「当人」

「何だ、〝当人〟って」

「行き倒れの当人。熊公」

「熊公って……これは誰？」

「当人ですよ。熊です」

「誰が引き取るの？」

「熊公です」

「どこに居るの？」

「家《うち》に居ますよ。朝〝お参りに行こう〟って言ったら、〝今日は気持ち悪いから行かねえ〟って言ったの。居るよ、きっと。連れてくるよ」

「ちょっと待ってくださいよ」

「ゆんべからずっと、あいつ……」

「あ、そう、じゃあ違う。これはね、あの……」

「え？」

「これはだって、ずっと……」

「〝ずっと〟って、話が合わねえ」

「合わないのは、あんたでしょ」

「〝合わないのはあんたでしょ〟って……」

「じゃあ何で連れてくるんですか？　当人を」

「確かめるんだよ。自分で見て〝ああ、これは俺だな〟ってなりゃ、間違いねえじゃねえか。そう言やぁ、あんたがどう反対したって駄目だい。負けだい」

「勝ち負けの問題じゃ……」

これは『粗忽長屋』で、粗忽な奴なの。こんなてんやわんやがあって、長屋へ行って、

「ゆんべ、どこに行った?」

「昨日は浅草の……」どうのこうのと言って、

「吉原《よしわら》冷やかしに行ってね、帰りに酒飲んで」

「どうした?」

「ちょっと何か食って、気持ち悪くなって吐いた。それで観音様の脇《わき》へ抜けたまでは覚えてるが、後はどうやって家《うち》に帰ったかは……」

「それみろ。それがなによりの証拠じゃねえか。安酒食らって頭に来てな、我慢してたけど観音様の脇を通るときには、堪らなくなってひっくり返っちゃった。そのまま冷たくなっちゃった。それで忘れて家に帰っちゃうんだろ、手前ぇは」

「うーん」

「気持ち悪いだろ?」

「なぁ」

「〝なぁ〟じゃないよ、気持ち悪いだろ？」

「うん」

「〝うん〟じゃないよ、悪いだろ？」

「悪い」

「悪いよ。当たり前じゃねえか。そりゃそうだ。だから引き取りに行こう」

　とかなんとか言って、当人を納得させて二人で来るわけです。

「どうも、先ほどは」

「また来たよ。弱ったね。話がわかんなくて困ってんだよ。居なかったろ？〝居た〟？　居た……どこに？」

「家に居ましたよ。この野郎ですよ。

……おい、ちょっと来い。挨拶《あいさつ》しろ」

「どうもすいませんです。兄貴に言われて気が付いたんです。あっしはゆんべ、ここで冷たくなっちゃって」

「おい、待っておくれよ。同じような人がもう一人増えちゃったよ。冗談じゃない。バカバカしいよ、お前さん。自分でご覧よ」

「なまじ死に目に会わないほうが……」

「何言ってんだ。見ないと安心できないから見ろ」

　って見てね、

「これが俺か」

「当たり前じゃねえか」

「そうかなぁ」

「〝そうかなぁ〟って、勘弁しろよ、お前。だから毎朝〝顔洗って歯を磨け〟とか、やれ〝髭《ひげ》当たれ〟って言ってるだろ？　当たる当たらねえじゃなく、鏡見るだろ？　鏡を毎日見てりゃ、自分てのがわかるじゃねえか。〝ああ、これは俺だな〟ってのは。俺なんざ、毎日髭を当たるたびに鏡を見てるから、どこで俺に会ったって〝あれは俺だな〟ってわかる。俺は俺がわかってお前がわかって、両方わかってる俺が〝これはお前だ〟って言うんだから、お前だろ、お前だろ。お前だ、お前だ、お前だ！」

「そうだ！」

　と、こうなっちゃう。

「抱け抱け」

「ウーン……」

「おい、抱いちゃ駄目だよ。抱いちゃ駄目だ。泣いてるよ、あいつ。大丈夫かい……」

「死んだ者の気持ちなんか、当人でなきゃわからない」

「あんなこと言ってやがる」

「抱け抱け抱け」

「グズグズ言われることはない。自分で自分を抱いてるんだからね。……なんだかわかんなくなっちゃったな」

「何が」

「抱かれてるのは確かに俺だけど、抱いてる俺は誰だろう？」


これ、『粗忽長屋』ですが、私の解釈は、「粗忽」じゃないんだよな。あまりに主観の強い奴に遭《あ》うと参っちゃうんだ。もっというと、世の中なんてのは、その主観を通すために論理を作ってるのかもしれない。

それがないと人間ってのは暮らせない、滅茶苦茶《めちゃくちゃ》になっちゃうから、「常識」というものを作ってくる。それとは別に、己《おのれ》の持つ主観を通すことによって、己の安定を図る。また、従属する。弟子が来ると落語家は嬉しいという話をしたが、一つの典型となって類型を呼ぶという状況と同じように。

この落語、小さん師匠含め、全部が粗忽者として演ってますよね。

「そそっかしい奴がいるもんだね、おい」

〝粗忽でこんなことができるか〟と、『主観長屋《しゅかんながや》』というふうに変えて、観客にショックを与えたんですよね。

俺の弟子みんなそう演ってるだろうけども、とにかく『粗忽長屋』ではない。ストーリーとギャグを聴いていると、〝これは酒の上の失敗だな〟と。ところが、〝その奥に在るもの〟をこの落語は語ってる。演者がわからなくても、ちゃんとした聴き手が聴くとわかる。

## シェイクスピアにもない発想

『あくび指南《しなん》』という落語、こんなものを誰が考えるのか。


「おい、ちょいと付き合えよ」

「どこへ?」

「横丁《よこちょう》のところに、〝あくび指南〟て看板が出たから行こう」

「何?」

「〝あくび指南〟……習いに行こうよ」

「馬鹿野郎、あくびなんて……」


あくびなんぞ、放《ほ》っといたって出るでしょ? 親から稽古をされないでしょ?

ほとんど親の教育、または世間の教育ですよ。立ち居振る舞い全部、教育です。けれど、心臓の鼓動とか呼吸は違う。教えなくも大丈夫な数少ないもの。教えなくても〝放っときゃ出るあくびを教える、習いに行く〟という発想は、どこから来てるのかね。ものすごいですよ。

友達を連れていくと、

「よそうよ、あくびなんぞ」

「いいから、今度付き合ってやるから」

ってこいつを連れて訪ねると、おっとりした先生が出てくる。そりゃそうだね、あくびを教えるんだから。

プロ的に言うと、あくびをするだけでいいんだけど、それじゃ噺があまりにも短く終わっちゃうから、

「じゃ、ひとつ夏のあくびをいきましょうか」

船をもやっている（留めてある）シチュエーションで、揺れている。お客が、

「〝おい、船頭さん、船を上手《うわて》へやっつくんねえ。船もいいが、一日乗ってると退屈で、退屈で……フワァァ……ならねえ〟とね」

「ほら、ごらん、見ろよ。これだよ、〝聞いてみないとわからない〟ってのは。どうだい」

って、稽古するわけよね。

「じゃ、やってごらんなさい。……そんな動かなくていい」とかね、

「おうっ」

「おうじゃなくて、〝おい、船頭〟」

「おうっ、船頭」

「いや、〝おい、船頭〟……」

「おい、船頭さん、なんだ、船……？」

「〝船を上手へ〟」

「船を上手へやっつくんねえ。船もいいけど、一日乗ってると退屈で退屈で、吉原行きてえや」

「余計なこと言わなくていい」

「退屈だからってんで……あー、ハクション」

「くしゃみじゃないよ」

「船もいいが、退屈で……はー、はー、はー」

「〝船もいいが乗ってると退屈で、退屈で……フワァァ……ならねえ〟」

「そういかねえんですよ。〝船もいいが、乗ってると退屈で、退屈で……〟」

「馬鹿なことをしてやがる。教《おせ》える奴も教える奴だ。習う奴も習う奴だが。冗談

じゃねえぞ、こりゃ。やってる手前ぇらはいいよ。待ってるこっちの身にもなってみろ。退屈で、退屈で……フワァァ……ならねえや」

「あ、お連れさんはご器用だ」


どうです？　〝あくびを習いに行く〟なんて発想は、シェイクスピアだろうがキリスト教だろうが、全然違うか、とにかくないよ。すごい文化だと思いませんか？

## 落語の中のマリファナ

さっき、いろんな職業があり、四季の行事があり、やれ家庭の中の、または町内の、ありとあらゆるもの、別れだ、逢瀬《おうせ》だ、恋だ、喧嘩だ……全部ある。もっと言うと、極端に言や、『親指』なんて噺もあるかもしれませんですよ。演りかねませんよ。『小指』なんて噺も、女のほうへつながりますからね。

『笑《わら》い茸《たけ》』なんという落語、もうそのころからマリファナをやってるんですよ。もちろん江戸時代ですからマリファナなんてものは知りませんよ。

全然笑わない奴がいるんですよ。名前が仏頂《ぶっちょう》さん。仏頂面《ぶっちょうづら》で、仏頂さん。いい加減だ。だから落語、好きなんだ。ケチなやつは吝兵衛《けちべえ》さん。何とも堪らない。

仏頂さん、どうしても笑わないからってんで、女房が「この薬を飲んでくださ
い」と持ってくる。笑い茸という毒キノコが実際にあるらしいですけど。それを飲ますと、

「お前が飲めって言うから飲みました」

「馬鹿なことを言って。何でお笑いにならないんですの？」

「面白くもなんともない。何で笑うの」

いろいろあって、寄席へ行っても、

「面白くも何ともないじゃないか」

野末陳平って奴を思い出した。何言ってもわからないんだよな。笑わない。さっきの「屁の後か前か」って落語がありましたね。

「ああそうか、実際にはおならの音を聞いていたんだけど、地震と言われたから、『屁の後か前か』と。こういうことか」

そういう奴だよ。

「笑ったからって、どうだってんだ」

「〝どう〟って、一度見てみたいと思いましたから、お薬を。笑えますわよ」

「薬を飲んだからって、別に面白くはない」

「落語を聴いても？」

「何だ、あんなもの」

ずっといろいろ会話しているうちに、

「お前が〝飲め〟って言うから飲んだけど、こんなことをしたって……へへ」

「お笑いになりましたね、あなた」

「誰が笑った」

「今、あなたがお笑いになりましたよ」

「笑う理由がなくて、何で俺が。笑うわけないじゃない……フフ」

「お笑いになりました」

「笑う意味がなくて〝笑った〟って、変なことを言うんじゃないよ、お前は……フフ」

「今、お笑いに」

「はは、お前な、そういう馬鹿なことを言うんじゃない。俺が困るじゃないか、ハッハハッハ」

もっと長いんだが、こういうのを演らせると俺は上手いんだ。

なんか言うと、「フフ」。

「サインペンがある」

「サインペン？　ここにサインペンが、アッハッハッハ。ここにサインペン……アッハッハッハ」

はるか昔に、マリファナという発想を持ってるんです。

この『笑い茸』、落語としては、〝笑うから金が集まってくる〟。それで、仏頂さんのところに金がみんな集まってきちゃって、天国の金がなくなっちゃった。みんなでもって〝金を取り返せ〟ってんで、ウワァーと笑ったもんだから、金がみんな天国へ上がってっちゃう。

「おいおいおい、何だ」と、仏頂さんが金に聞くと、

「向こうのほうが面白そうだから」

「面白くない。あれは空笑《そらわら》いだ」

今は「空笑い」なんてあんまり使わないけどね。嘘の笑い。

「ハッハッハ」

「空笑いすんな、この野郎」

## 実演『死神』

『死神』なんという落語。

「生きてたってしょうがねえ。あの女房《かか》ぁ、あのガキ、嫌だ嫌だ。死んじゃったほうがいいや。死のう」

「死ねよ」

「ああ、嫌だ。死のう」

「死ねよ」

「生きたってしょうがねえから、俺は死ぬんだ」

「死ねよ」

「何か言っている奴がいる。死にてえ」

「死ね」

「うん？　誰だ」

「俺だ」

「出てきやがった。何だ、手前《てめ》ぇは」

「死神だい」

「冗談言うない」

「冗談じゃないよ」

「死神なんてのが、この世にいるのか？」

「目の前にいるじゃないか」

「ああ、そうか。手前ぇが来たんで俺は急に死にたくなったんだ」

「フッフッフ。違うんだよ。お前《め》ぇが〝死にてぇ〟って言うから俺が来たんだ。いやいや、そんなことはどうでもいいから」

ってんで、死神に「医者になる」方法を教わる。かいつまんで言いましょうか。

「一杯飲ませてくれ」ってことになって飲む。姿は見えない……って、他の噺家はそこまでシチュエーションを決めていないですけどね。で、飲んで、「俺はもうすぐリタイアだ。ここに杖があるから、これを持って医者になれ」と。

「何も要《い》らねえ、これを持って出向けばいい。病人には死神が必ず憑《つ》くことになってるんだから」

「何のために」

「殺すためじゃねえか。馬鹿野郎」

死神があの世に送るための念力をかける。念力をかけ損なうと、〝病人の寿命が長いんだ〟と、諦《あきら》めて引き上げてくる。〝その引き上げる呪文を教えるから〟

と。

　呪文は何でもいいんだ。「エジプト騙してアッハッハ」でも何でもかまわない。何でもかまわないけど、教わる。枕元に座ったときには死神の仕事は完成して、後はあの世へ送るばかりだ。だけど、死神が足元のほうへ座っている場合は、呪文を言うと死神が逃げるから治っちゃう。「名医」ということになって、金がどんどん儲《もう》かる。

　上方《かみがた》へ遊びに行って金がなくなって、その杖も忘れてきちゃって、慌てて引き返してきたけど、依頼が来なくなっちゃった。たまに行っても、死神が枕元へ座っていて、どうにもならない。

　あるとき、千両を出すと言われて……。

で、結局どうするかって言うと、病人の寝ている布団を百八十度回してくれと、その病人の家の人に頼むんだよな。そうすると、死神の居るところが枕元から足元に変わる。そこで呪文を唱える。

「エジプト騙してアッハッハ」ってなことを言って、ポンポンと手を叩く。それで、千両貰って、

「ああ、いい知恵が出た。あの野郎、死神は驚きやがったな」

「驚かなくてよ」

「おお、あなただったんですか」

「馬鹿なことをしやがる、手前ぇは」

「すいません」

「〝すいません〟じゃ、すまねえよ。こっちへ来い」

「勘弁してくださいよ」

いろいろあって、

「摑《つか》まれ、この野郎」って引きずられて、地の底へ連れていかれちゃう。ハッと目を開けてみると、目の前がバァーっと明るい。大海の夜釣りの船どころじゃない、イカ釣り船どころの騒ぎではなく、これは何だというと、一つ一つが蠟燭《ろうそく》。人間の「寿命」だという。

「はぁ、寿命は蠟燭のごときだと」

「うん」

「それで、これは?」

「因縁《いんねん》と言うかな。お前の子供だよ」

「はぁ、どこへ行ったか知りませんが、元気に二つ燃えてますね。その脇にはちょっと長くて威勢がいいのが」

「お前の女房《かか》ぁだ」

「はぁ、うちの野郎も元気なんですね。それで、今にも消えそうになってるのは？」

「お前だよ」

「え？」

「お前だよ」

「あっしが……」

「お前は、本当はこれだよ。金に目がくらんだから、あの年寄りと替えたんだ」

「消えたらどうなるんですか？」

「死ぬよ」

「助けてくださいよ」

「駄目だ」

「助けてくださいよぉ」

と、さんざんあってな。わずかに聴いているだけでも〝上手い〟ってわかる？イヨッ。

でね、〝でね〟ってのが俺の癖なんだけど、

「しょうがねえ野郎だ。そこのところに蠟燭があるから、これで上手く火をつけ替えてみろ。上手くつけば生き永らえる。消えりゃ駄目だ」

「そうですか。これ……」

「震えると消えるぞ。消えると死ぬぞ」

「何か言わないでくださいよ」

「消えるぞ……消えるぞ……ああ、消えた」

って、こういう妙な落語なんです。私はそこにいくらかわかりやすくして、

「消えると死ぬぞ」

「あっ、ついた！」

フッ……（死神が吹き消す）。


と、こういう演出に変えているわけですけどね。

**世間は「発狂」と言う**

話を戻すと、こういう『死神』などというものをテーマにもってくる。

「夢」もありとあらゆる夢がある。

「歴史」も、源平の戦いだとか、やれ『三国志《さんごくし》』であるとか、または西行法師《さいぎょうほうし》の歌の旅だとか、六歌仙《ろっかせん》だとか、ありとあらゆるものが落語の中に入っている。

そのころの森羅万象、全部を取り込んで、常識、ルールに縛られて苦しい人間たちを解放してくれる。

「俺のこと〝大将〟って言って、うちの女房に褒めてくれねえかな」

「大将？　大将、鼻糞《はなくそ》がぶら下がってるよ」


「お宅の大将、元気だね」

「何が？　あんな大将があるもんか。あん畜生《ちくしょう》め」

「居ない？」

「居ないよ。そこのドブを伝っていったよ」

「トカゲだね」


宗教から国家とは言わないまでも、江戸の生活から、生理、現象、ありとあらゆるものを題材にした落語の会話を聴くことによって、どれほど人間の救いになるか。と言ってる私は、実は虚《むな》しいんですけど、こっちへ置いておいて。で、それを演じる落語家のシステムというものをしゃべった。前座、二つ目。前座の次に上がるから二つ目。二つ目になると修業から解放される。けど、芸に対することは生涯修業で、一生を終わるんですけどね。

ちなみに言うと、若いころに作った落語がそのままウケたもんだからずーっと演ってる奴がいる。木久蔵《きくぞう》（後の林家木久扇《はやしやきくおう》）だとか、歌奴《うたやっこ》（後の三代目三遊亭円歌《さんゆうていえんか》）、円楽（五代目）もそう。

前は何よりも食えなかった。収入がないんだから、仕事がないんだから。今だって寄席に出ても、二千円か三千円くらいにしかならない。それで、落語家という稼業は一般からいうと〝低い〟ものであり、親類一同から縁を切られる。それこそ、縁を切られてもいいから、それを承知で落語家になる。

今はそれらがないんです。親は喜んで、

「お宅の子が落語家になった……？」

「そうなんですよ」

なんて胸張っている馬鹿な野郎ども。面《つら》見てわかりそうなものを。バカバカバカバカバカバカバカバカ。一万回言っても足らないくらいのバカね。

そういうのでもなれるから、皮肉にとられるかもしれませんが、〝落語家になったらいいですよ。馬鹿なガキは〟と、私は思います。

そのぐらい、私の考え方とは差が出てる。もちろん彼らの生活とか、彼らの演ってることは認めるし、その中でもそこそこ面白い、また上手いのもいます。

「俺の落語が正統なのである」と唱え、くどいが、多くの観客を呼び、優秀な弟子が、数は少ないけど育ってきているこの現実。〝どうでい、俺の落語観は、落語家としての生き方は〟……それも虚しくなってくるんですね。

何のためにこんなことをしているのか。自分の生理というのか、〝自分の持ったが病《やまい》〟というものを肯定するために、これだけの時間を使って、お客様であり生徒諸君であるあなた方に、〝聴いてくださいよ〟と……そんな気がするんです。だったら、〝そんな気がする落語〟を作るしかしょうがないんです。それは常識・非常識にもない、もっとすさまじい世界。これを演ったとき、世間は「発狂」と言います。だいぶ近づいてきました。

ワァーーーーーー、これからエジプト行って、ライスカレー食って、蚊取り線香舐《な》めながら、「富士山バンザイ」と言うか。

ワァーーーーーーー、終わりっ！

第七回

# 落語実演『金玉医者』

**一番大事な「思考ストップ」**

しゃべってまいりました。落語についてのあれやこれや。蘊蓄《うんちく》と言いたいけれども、〝談志無駄《むだ》っ話《ぱなし》〟。無駄っ話ができりゃ、大変なものなんですがね。

毎回説明しているがごとく、落語とは伝統芸能の一つだが、庶民の憂《う》さっぱらし。下衆《げす》の勘繰《かんぐ》り、いやらしく汚え人間で構成されている社会に、好きじゃないけど、今の言葉で「ガス抜き」ってのがある。それらの意味も含めて、落語が存在する。

私はそういう昔からある落語に、哲学みたいなものを放り込んでいる。

例えば、落語にある「根問《ねど》いもの」、〝根気よく問う〟〝根っこを問う〟というもので、『恋根問《こいねどい》』『浮世根問《うきよねどい》』、いろいろな「根問いもの」がある。何かを聞くと、いい加減なことを答えるという笑いなんですね。

「隠居さん、クジラは何でクジラっていうんですか?」

「ん? あれは、なんだな、潮を吹くのが八時五十九分くらいで、もうすぐ……」

「ははぁ、なるほどね。よくわかりました。サバは?」

「サバサバしてるからだ」

「あぁ。タイは？」

「わかりそうなもんだろう」

「隊を成してるから」

「そうそう、そうそう」

「一番先に来るのがタイチョウ（隊長）。後から来るのがヘイタイ（兵隊）」

「そうそう。わかってきたね」

「滅茶苦茶《めちゃくちゃ》になってるのはグレンタイ（愚連隊）」

これは、馬鹿《ばか》な答えじゃない。一番大事な「思考ストップ」をしてるんです。思考ストップ、これがないと生きられませんね。それがなくなってきたから困っているんです。


「先生、地球ってのは、丸いんですってね」

「馬鹿なこと言うな、この野郎。地球が丸かったら下の奴《やつ》が落っこっちゃうじゃないか」

「引力が……」

「〝引力〟って？」

「引力があるから、立ってんですよ」

「馬鹿野郎、自分の意志で立ってるんだ。引力で立ってるんじゃねえ。引力持ってこい、買ってやるから」

「地球儀ってのを見たことないんですか？」

「あるよ。だけどお前、まさか、文房具屋なんかで売ってるものを信用してるわけじゃねえだろうな」


これこれ。このすごさな。


「だって、お天道《てんと》さまの周りを回ってるって……」

「馬鹿じゃないか、手前《てめ》ぇは。お天道さまがどのくらいの大きさだと思ってる？」

「こんなもんか（サッカーボールくらいの大きさを手で示す）」

「〝日が昇る〟〝日が沈む〟って言うんだから、向こうが動いてるんだろう、お前」

「そうですか？」

「当たり前じゃねえか」

「夕日はどこに沈むんですか？」

「海だよ。山に沈むのもあるけどね、大概は海だよ。行ってごらん。ジュッて音がするから」

「また出てくるじゃない」

「新しいのが出てくるんだよ」

「どうなってるの」

「焼鳥屋に行くと、鶏の卵巣みてえなのがあるだろ。ああいうのだ。順に大きくなって、バァーッと出てきてドーン、バァーッときてドーンだよ」

「ははぁ。雷ってのは、電気ですってね」

「馬鹿野郎、ランプのころからあったろ？　モーゼが体験してんだよ。電気なんて後だよ」


こういう、すごさね。


「雨は何で降るんですか？」

「〝雨が何で降るか〟ったって、雲があんだろ、雲。知ってるだろ？」

「ええ」

「雲がフワフワとしてるところへ、雨の神様みたいなのが居るんだよ。天鈿女命《あめのうずめのみこと》みたいなのが。それが水をバァー。で、ブワーッと膨れているところへ風の神がビューンと吹くから、ビーーッバラバラバラバラ、ザァーーッて雨だよ」

「先生の話を聞いていると、全部感嘆詞ですな」

「感嘆詞でわかりゃ、こんな結構なことはねえじゃねえか。と何か？　お前は女とやってるときにいちいち説明するか？　〝この性感は生殖器から頭脳へ渡って、脳髄の刺激が〟……そんなこと言わねえだろう。アーッ、アーッでわかりゃすくていいじゃねえか」

「先生、これ大学の講義なんですが……」

「うるせえ、この野郎！」


つまりね、これは知らない者《の》が知ったかぶりする噺《はなし》じゃない。「思考ストップ」がテーマなんだ。


「と、地球は平らなんですか？」

「当たり前じゃねえか」

「丸いから帰ってくるんじゃないですか？」

「馬鹿野郎、丸くなくたって、お前、買い物に行って帰ってくるじゃねえか」

「あ、そうですか」

「お前ね、太陽と、地球という我々が住んでる広大なものを比べる奴があるもんか。太陽なんて、あんなもの。世の中にあんな間抜けなものはないぞ」

「そうですか？」

「間抜けだよ。夜に出てこいよ、暗いんだから。昼間出てきたって明るくて眩《まぶ》しくてしょうがねえじゃないか、あの野郎」

　こういうナンセンスを含めながら、

「じゃあ、日本から西へ行くとどうなるんですか？」

「行けども行けども海だよ。海を行けども海だよ」

　さんざっぱらやる。

「その先は？」

「外国」

「その先……」

「うるさいなお前は。その先は塀があって行けない」

　これがすごいんだ。

「じゃあ塀を乗り越えて……」

「殴るぞ、この野郎。塀があったところで引き返して来るんだよ」[＊89]

　とっても大事なことなんです。

**日本教にとって最も恥ずべき行為**

　私はそんなふうに、一つの落語にテーマを入れて分解して、それを観客に知らしめて、量を増やしてきた。ついでに、『笑点』は、本当はもっといいウィットな番組だったんです。洒落《しゃれ》てたんです。

「酔っぱらい運転はなぜ悪い」

「轢《ひ》いたときに充実感がないから」


[＊89]「根問いもの」から発展させた、談志『やかん』の一節。

「結構ですね」

そういう洒落たのを演《や》ってたんです。

「ことわざを変えましょう。〝弘法《こうぼう》も筆の誤り〟」

「暴行も筆の誤り」

「偉い！　いいねぇ」


この番組のおかげで落語家の存在がわかるということを含めて、俺様が、落語界、落語を少なくも二十年は保《も》たせている。

ただ、この言い方な。「実るほど頭を垂るる稲穂」じゃないが、これは最も「日本教」に反する言い方なんだ。それが「すごい」って言うんだ。で、この「〝すごい〟と言うこと」もすごいんだ。

日本教にとって、つまり日本人にとって何がタブーなのか。タブーはいろいろあります。肉体的に劣ったもの、精神的に劣ったものを馬鹿にしてはいかん。曰《いわ》く、「身体障害者を軽蔑《けいべつ》してはいかん」。

けど人間は、「軽蔑」という感情を取り除くわけにいかんのです。否《いや》が応でも朝鮮を軽蔑することによって日本は生きてきたんです。朝鮮は済州島《さいしゅうとう》を馬鹿にしている。これは韓国の話です。岸田秀《きしだしゅう》が「自己が差別されていることに対する裏返しだ」と言っていますが。

　それはともかくとして、言いたいのは、卑猥《ひわい》な言葉なんて、言っちゃいけない。

　だが、それらよりももっと言ってはいけないことがある。「俺は偉いんだ」と言うこと。これは日本教にとって最も恥ずべき行為です。

「談志さん、今日《こんにち》の成功は何ですかね？」

「これを成功と言うなら、教えた奴の間違いに気が付いたからだろう」

　こういう答え方。

　弟子にも言ってるんです。「とりあえず俺みたいになんな」と。気に入らなきゃ乗り越えていきゃいいじゃねえか。それだけの話です。

「一人で偉くなった」「俺が一番上手《うま》いんだ」というのは、日本人として最も言ってはいけない言葉。けど、「そういうことを私は言わないんですよ」って言うのは、もっといやらしい奴ですけどね。

　それを全部さらけ出してる。だから俺はすごいんですよ。こういう俺を周りはどう評価するかっていうと、「あれは気違いだからね」「狂ってる」。まあ、何でもいいですよ。

　で、それらを含め、落語という芸の寿命を今日までいくらか延ばすために、努力……はしてない。「〝努力〟は馬鹿に与えた夢」です。努力なんぞしたって駄目な奴は駄目なんだ。長嶋《ながしま》（茂雄《しげお》）は努力じゃない。バットを振るのが好きなんだよ。それだけのことだ。昔、広島に衣笠《きぬがさ》（祥雄《さちお》）ってのがいて、今も解説やってるけど、とにかく抜け出しちゃあバットを振っている。やってないと収まらないんだよ。好きなものは〝やるな〟って言ったって、やるじゃないですか。善《い》い悪いは別として。

## 落語のネタは外国からも

落語のプロセスをまとめると、最初のうちは文化人たちの遊びだった。明治になるまでは鎖国だったから、文明は入ってこない。明治は〝開《あ》けすぎちゃった〟んだけどね。

文明は〝より多く、より速く〟というための行為で、医学だ、工学だ、いろいろある。それらのおかげでずいぶん楽になってはいるけど、〝ここまで長生きさせてどうなのか〟という二律背反。物事には必ず半面がありますから。

鎖国していた日本、そこで、「楽しみ」という名の、良く言えば「生きがい」、悪く言えば「死ぬまでのプロセス」。もちろん食うためにやらなきゃいけない仕事はあるけど、それらから解放される年齢になっても、どこかでやっぱり生きている証拠、疑似安定みたいなものを求めてくる。その対象になっていたのが、落語の起源でもあるジョーク、要するに小噺《こばなし》、江戸の洒落た文人たちが集まってやっていた言葉の遊びで、それがだんだん長くなってくる。

いろいろな国からも入ってくる。吉村（作治）教授も、「ああ、その話はエジプトにもありますよ」なんて言う。「今度、掘り出してきてくれ」と言ったことがあるんだけどね。

例えば中国からも入ってきている。坊主が悪いことをして役人に捕まって、道中が長かったんだろう、途中宿屋に一泊した。役人は酒を飲んで酔っ払って寝ちゃった。悪いことをした坊主が、縄を解いて逃げちゃう。朝起きて、

「あれ、居なくなっちゃったな」

で、鏡を見て、

「なんだ、ここに居るじゃないか」

坊主にされちゃってね。

「すると、ここに居る俺は一体誰だろう」

これは『粗忽長屋《そこつながや》』という落語の落げ《さ》に使われている。

ついでに言うと『坊主の遊び』という落語がある。坊主は本当は酒色はいけな

いんだけど、それはまあ人間、女遊びに出掛ける。来た女が酒乱だったのが癪《しゃく》で、女が寝たから頭を剃《そ》っちゃって、朝早くに逃げるようにして帰っちゃう。

「ちょいとお前さん、酔っ払っちゃ駄目だよ。お客さん、怒って帰ったよ」と言われ、

「お客さんが怒って？　何言ってるの、坊主はここに居るじゃないか」

ここにまで入っている。偶然なのか、知っていて入れたのか。

世界を「三国《さんごく》」と言いました。日本と、当時の唐《から》、そして天竺《てんじく》、インドですね。

「唐人《とうじん》もここまで来いよ天《あま》の原《はら》　三国一の富士が見たくば」［＊90］

「三国一の嫁ですようちのは」

「三国一」は「世界一」ということです。

その文士たちが、この場合中国ですけど、もちろんインドから仏典なぞを持ってきたり、中国経由だったり直接だったりいろいろあるだろうけども、それらをネタにした。それを「文明」と言うなら言ってもいい。けども、文明に取り残されたものを大事にしていく、これが「文化」。だから〝文明は文化を守る義務がある〟。その「文化」の一部である落語、その落語の発生は、文化人、具体的に

［＊90］蜀山人による狂歌とされる。

言えば、そのころの戯作者《げさくしゃ》、作家、狂歌師、歌詠みなどという者たちが作ったものだった。

前回、『死神《しにがみ》』という落語を演りました。あれは、(三遊亭《さんゆうてい》)円朝《えんちょう》がイタリアのオペラから持ってきたという話もある。いろいろなところから持ってきてることは確かです。

もちろん、自作、つまり江戸発もある。

当時、一方で歌舞伎が流行《はや》っていました。「小芝居《こしばい》」に対する「大芝居」というのか。落語家が、何ぞってえと声色《こわいろ》を使って俳優の物真似《ものまね》をして、「芝居噺《しばいばなし》」を演った。

「こちゃ、いずれへ参る」

「いやさ」

こういう歌舞伎の台詞《せりふ》を言いながら演っていた落語があった。

それから講談から取った落語もある。

例えば四十七士の物語の中から取る。山岡角兵衛《やまおかかくべえ》ってのがいて、女房が斬られてポーンとひっくり返る。

「ひっくり返るわけです。角兵衛の妻です」

角兵衛獅子《かくべえじし》ということ。そういうくだらなさはこっちへ置いておいて、講談から入れてる。

端《はな》は一人で演ってたが、興行ということになってくると、みんなで一座を組むようなことにもなる。

## ものの本質を突いた〝ケチ〟の噺

それで思い出したが、前座のころの私は、寄席での時間のやりくりが一番大事でした。大勢が出るから、時間のやりくりをうまくやらないと、時間が足りなくなってくる。

「師匠、すいませんがちょっと短く」

「何を、この野郎」

私に責任はないんですけどね。

「お前の時間のやりくりが下手だから、こういうことになったんだ。こっちはみっちり聴かせようと思ってるのに、毎晩毎晩、俺は短《みじけ》えじゃねえか」

ところが、その短い噺を平気で演れる人を「器用な人」とか「手練《てだれ》」と言ったんです。

　具体的な例を挙げると、彦六《ひころく》といって、亡くなった林家正蔵《はやしやしょうぞう》［＊91］という師匠がいる。今のあの馬鹿な正蔵じゃなくてね。馬楽から正蔵になった人。なんぞってえと「師匠、短くお願いします」と言われていた。と、吝《しわ》い、ケチん坊の噺をするんですね。「ケチな奴がいて……」と。

　ふと今思い出したけど、「ケチな奴がいて」という噺の中でも、ごくケチな奴がいる。


〝目が両方あるってのはもったいない〟ってんで、片一方でずっと暮らしていたらしいですな。片目を手で隠して使わないで。で、だいぶ使ってくたびれてきたからってんで、隠す目を変えたら、知ってる人が一人もいなくなっちゃった。


　これ、ものの本質を突いてます。

　また、ごくケチな人が奉公人を百人使っていて、

「百人なんぞ要らねえだろ」

　半分の五十にしちゃったら、なんとか保《も》っちゃった。


［＊91］八代目林家正蔵（はやしや・しょうぞう）のちの林家彦六《ひころく》。本名岡本義、一八九五（明治28）～一九八二（昭和57）年。一九一二（明治45）年三遊亭三福《さんぷく》（のちの三代目三遊亭円遊《えんゆう》）に入門。師匠とともに四代目橘家円蔵《たちばなやえんぞう》門下に移り、一九二〇（大正9）年すでに襲名していた三遊亭円楽《えんらく》で真打ちに昇進。三代目柳家小《こ》さん門下を経て、四代目蝶花楼馬楽《ちょうかろうばらく》（のちの四代目柳家小さん）門下へ。一九二八（昭和3）年五代目蝶花楼馬楽を、一九五〇（昭和25）年八代目林家正蔵を襲名する。「正蔵」は七代目正蔵の遺族海老名家から借りた名であったため、一九八一（昭和56）年林家彦六に改名する。

「じゃあ三十人でもいいや」

ってんで、三十人でやってたらけっこうそれなりに保つんだ。

「十人でもいいだろう」

保つ。

「一人も要らねえ」

ってんで夫婦でもって一生懸命働いたら、それでもどうやら保ったっていうんだな。

「女房《かか》ぁ、要らねえ」

ってんで女房ぁを叩《たた》き出して一人でやったら、これでも保つっていうんだね。

「じゃあ俺も要らねえ」

ってんで、どっか行っちゃったって噺があるけどね。

これはすごい。単にケチっていう噺じゃないでしょ？

〝別の目で見たら全然違ってた〟という噺にしても。

それで、その正蔵って師匠は、落語が下手な人。

「金儲《かねもう》けの秘訣《ひけつ》を教えてもらいたい」

「庭へ出ろ」

「今ここへ梯子《はしご》をかけるから、それを登ってそこの木へぶら下がれ」

ぶら下がる。

「左手を離しな」

離す。

「右手の小指を離せ」

「離しました」

「薬指を離せ」

「離しました」

「中指を離せ」

「離しました」

「人指し指を離せ」

「冗談言っちゃいけない。これをやったら落っこっちゃいますよ」

「だからな、どんなことがあってもこれ（人差し指と親指で円を作る）だけは離しちゃいけないよ」［＊92］

こういう、短い間にポーンと落ちる噺をする。「逃げ噺」といって、逃げるよ

［＊92］落語『しわい屋』の一節。

うに演る。それらを演って、寄席の時間バランスを取っていた。

## 談志の『子別れ』

そういう寄席の中で、〝落語的でないもの〟、つまり人情噺を演るのが名人とされていた。〝落語的でない〟というのはつまり、親子の情が大事とか。私はこれを真っ向から否定しますからね。例を挙げると、『子別《こわか》れ』。

子供が、別れて暮らしていた父親に久しぶりに会って、

「どうしたんだ、その傷」

「独楽《こま》をやっていて、負けたらぶつけたのがいる。血が出て泣いて帰ったらおっ母《か》さんが、

〝誰にやられたんだ。いくら片親だからといって、いいわ、いいわと言っていたらきりがないから、文句を言いに行くから〟

〝斎藤さんの坊《ぼっ》ちゃんにやられた〟

〝痛いだろうけど我慢しろ。あそこの家《うち》にはいろいろとお世話になっている。お前も坊ちゃんの古いものなんぞもらったりしてるから〟

そのとき、おっ母さんが言ってたよ。
〝あんな飲んだくれだけど、居てくれりゃ、いくらかカカシくらいには……〟」
「ひでえこと、言いやがる」

俺、こういうの大嫌いなの。

「独楽やってたんだよ。俺がふんだくっちゃおうと思ったら、あの野郎、どういうわけだか独楽をぶつけやがんだ。ぶっ倒してやろうか、あの野郎。普通ならドブへ埋めちまうよ、畜生《ちくしょう》。お父《とっ》つぁんの前だけどね。けど、なんだか知らねえけどやたら涙が出たんだ。俺は、わかんねえ。ワーワーワーワー泣いて帰ったんだ」

こういう表現になる。メソメソした子供を演ってられない。

母親と慎ましく暮らしていたところへ、三年経《た》って、父親に会う。
「お父つぁんか?」
「今度のお父つぁんはどうしてる。可愛《かわい》がってくれるか?」

「お父つぁんは、お前じゃねえか」

「元のお父つぁんだ」

「そんな馬鹿なことがあるか。八頭《やつがしら》じゃあるまいし、親が後からできるなんぞ」

「そうじゃないんだよ。お前は知らないかもしれないが、なんというかな、夜、お前が寝てるところへ訪ねてくる人がいるとか、つまり、なんだ、あの……」

「わかったよ。おっ母ぁに男が居るか居ないか、聞いてるんだろ?」

　こういうガキでないとね、落語リアリズムに反する。そういうのを含めて立川談志、落語を演じてきたわけです。


　人情噺ができるのを一応、名人クラスといった。前にも言ったように、滑稽《こっけい》噺《ばなし》のほうが上手い、ナンセンスが上手い志《し》ん生《しょう》も、〝大きな噺ができないといけない〟っていうんで、こういうのを演るが、どうにもならない。けど、落語家の伝統の中で、〝いつかこれを演らないと名人上手《めいじんじょうず》と言われない〟という怖さ、懸念があったんでしょうね。

　で、これらの集大成として、「ごく短い小噺をこれだけの落語にした」ってのをこれからちょいとご覧に入れますからね。耳の穴かっぽじって、全部メモ。

　小噺を伸ばした談志作。老醜を晒《さら》しながら我語る。

## 全編実演『金玉医者』

「先生、何ですか？　うちの娘は駄目だって言うんですか？」

「いや、駄目だということではないのです」

「どうすりゃ治るんです？」

「どうして治る？」

「先生はお医者さんでしょ。治して……」

「うーん。痛いの、苦しいの、曲がったの、折れたの、破れたのっていうと、またいろいろ見立ても処置もできるんですがね。お嬢さんは、元気がないのはわかるんですが、どこがどういうことだか」

「すると、駄目だってことですか？」

「詰《なじ》られても困る。いや、そういうことじゃないんでしょうけど、ですから長い目で優しく見守って、大事にして……」

「はい、わかりました。はいはい、はいはい。お帰りになるよ。履き物そろえて。はい、ありがとうございました。

……けっ。ふざけてやんね。医者なら治せ。泣きたいよ、本当に」

「あなた、どうします？」

「〝どうします？〟って、今聞こえなかったか？　あたしが泣きたいよ」

「わかります。じゃあ他の先生を頼んで」

「その通りにやってきたわけで、これで何人目だ？　十本の指できかないよ。端《はな》来たのは竹田《たけだ》笹藪《ささやぶ》、それから藪原検校《けんぎょう》」

「藪原検校……」

「大藪春彦《おおやぶはるひこ》……」

「え？　何です？」

「いやまぁ、藪田藪之進《やぶたやぶのしん》とかな。いろんなのが来たよ。そうかと思うと、やたら〝セニョール、グラッツェ、グラッツェ〟と言って帰った奴がいたな。〝やったぜセニョール〟とか何とか。ろくな奴が来やがらねえ。あばた面《づら》含めて」

「旦那《だんな》、ちょっと話が」

「待ってくれ。今取り込んでるんだ。うるさいな。金のことなら後で聞いてやるから」

「そうじゃねえんですよ。お嬢さんのことで、ちょっと旦那と二人で」

「うん」

「いや、どうしてもってわけじゃねえんですけど」

「どうぞ」

「旦那、実はあっしの女房《かか》ぁが上州《じょうしゅう》の館林《たてばやし》ってところに居るんですよ。女房ぁの家《うち》の、何て言うんですか？　木で言うと幹みたいなもんですかね、その……」

「わかるよ。御宗家《ごそうけ》」

「そうそうそう。その大将がね、六十くらいのときでしたかな。急に足が曲がって、首が回らなくなっちゃったんです」

「なんだそりゃ。首が回らないから金貸せってのか、お前」

「またそういうことを言う。そんなことじゃないですよ。それを助けた人がいるって話だよ」

「誰」

「誰だかわかんないんですけどね。頭は丸いんだけど別に坊主ってんじゃねえんですね」

「医者かい？」

「医者ってわけじゃねえんだけど、世間じゃ〝お助け様〟とか〝お救い様〟とかって言われてるんですよ、ええ。津川《つがわ》何とかって言いましたけど、名前はともかくね、これに頼んで治してもらったらどうです？」

「治るのかい？」

「そりゃわかりませんよ。でも方々で治して〝お助け様〟って言われてる。治ったのを見た人、治してもらった人ってのが、いくらもいるんですよ。別に、切ろうの、やれ薬を飲まそうの、そういうことを一切しねえっていうんですね。何かモゾモゾモゾモゾモゾ言ってるうちに、二、三回だか五、六回だか来てると治るっていうんですね」

「ふうむ。で？」

「呼んで、お嬢さんを診せたらどうですか？」

「そんなお前、わけのわかんない……」

「わけのわかんないことよりも、治すってことが一義《いちぎ》でしょう？　ものの始まりでしょう。ものの終わりでしょう。全部でしょう。だったら、どれほどするわけじゃないんですから。ねぇ、お願いしますよ。優しいお嬢さんを助けてあげましょうよ。私も見てて忍びないですよ。ね、お願いします」

「うーん。まあ……」

「〝溺れる者の藁《わら》〟って言い方は失礼ですが、あえて承知で言いますよ。お願いします」

「ああそう、わかった。じゃ、いいよ」

「いい？　わかりました。いいですね？　連れてきますよ？」

「はいはい」

「治したら旦那、いくら出します？　いくらくれます？　いくら？」

「〝いくらくれ〟って言うの？　いくら欲しい？」

「そんなことは言わねえ。そんなことを言うような人じゃありません。〝お布施《ふせ》と同じです。気持ちだけでいいんです〟と言ってますよ。だが世の中ってのは、なかなかそうはいきませんでね、治るとね……」

「〝治るとね〟って、治してくれりゃ……」

「いくら出します？」

「娘の命の代わりだから、百両が千両」

「千両出します？」

「ん……出したっていいよ。治るなら」

「端《はな》はそう言うんですけどね、治っちゃうとなかなかね」

「何？」

「いやいや、まぁまぁ。じゃあ、こうしましょう。どうです？　百両くれませんか？　百両」

「百両はおろか千両……」

「いやいや、百両でいいんです。それで、間に入ってるあっしに二割くれませんか？　二十両。全部で百二十両。どうです？　治りゃいいでしょ？　高くないでしょう」

「うーん……じゃあお前に任せる」

「わかりました。ありがとうございます。じゃ、やってみます」

旦那は忘れちゃったんだろうな。五、六《ろく》ん日《ち》すると、この出入りの男がね、

「旦那、居ます？」

「居るよ。何だい？」

「連れてきましたよ」

「何を」

「話したじゃないですか。上州の〝お助け様〟」

「おう、ほうほう」

「ちょいと変わってますけど驚かないでくださいね。こっちに入れていいですか？

先生、遠慮はいりません、こちらのほうへどうぞ」

「ヘイヘイ、ホイホイホイ、イヤッハッハ、アハハ、ハイハイ、イヤー、これはこれはご主人様でございますか。ヤアヤアヤアヤア。具合が悪いという。何とも言えやしません。診りゃわかるんです。とりあえず診ます。お茶なんざ、要りません。何も要りません。見ましょ見ましょ。ハイハイハイハイ、ハイ。お嬢さん

と聞きましたがどちらに？　あ、こちら。ハイハイハイ、ホイホイホイ。ハーホイ、ハーホイ、ホイホイホイ。あ、ここですか。ハイハイ。開けて中へ入りますよ。ひとつ、ご一緒でなくて二人だけにしてくださいな。二人にしたからって、そんなこと、馬鹿なこと、ねぇ。〝親の前でも手に手を握り色目使うは医者ばかり〟、アッハッハッハッハ、そんなことするわけない。ハイハイ、ハイハイ。あと閉めてください。ハイ。私が出てくるまでこのままにしてくださいね。ハイハイ」

寝ている病人の枕元《まくらもと》で何か言ってる。気にならぁね。

ついでにいうと、日本は襖《ふすま》の文化ですから、つまり聞いたふり、聞かないふりをしなきゃいけない。向こうはバタンと閉めれば中のものはそれっきり。そのあたりからずいぶん違うんですよ。いきなりグローバルになれったって、無理なんだ。

この日本の襖の文化、襖の向こうで何か言ってんだ。

「親孝行しましょう。自分の命、天から授かったものです。大事ですよ。無理はなさらずともよし。元気を出しましょう。父の恩は山よりも、また母の恩は海よりも。人を恨まず正しい行いをして、決しておごらず……」

そんなことを言ってやがんの。間違っちゃいねえけどね。

しばらくすると、ガラガラッ、ガラガラじゃないね、襖を開けて出てきたよね。

「ああ、治ります」

「先生、どんな塩梅《あんばい》です？」

「え？」

「治ります治ります、大丈夫です。元のように元気になります」

「ああ、そうですか」

「じゃあ、また来ます。大丈夫です。安心してくださいな。ハイハイハイ。では行きましょう。ホイホイホイホイ」

何だかわけがわからない。こういうキャラクターを演じる落語家じゃなかったんだ、俺は。まぁどうでもいいけどね。
四、五日したらまた来た。同《お》んなじように閉めて、中で「人には愛をもって」とかね、「ご両親の恩は海より重くて山よりもどうの」「命を大切に」「人とのお付き合い。先人を敬い後輩を慈しみ、そして心温まる……」。
同んなじようなこと言ってやがる。こんなことをかれこれ二十分くらいやってるのかな。

「ああ、よくなりました。また来ましょ」

三度、四度、五度目になったときはね、三味線が聞こえやがんの。江戸弁で「しゃむせん」と言うんですけどね。ってことは寝ながら弾けない。お嬢さん、布団《ふとん》から起き上がって弾いているんだろう。それに合わせてこの野郎、妙な声で唄《うた》ってやがる。

「蛙一《かえるひと》ヒョコ、二《ふた》ヒョコ、三《み》ヒョコヒョコ。四《よ》ヒョコ、五《いつ》ヒョコ、六《む》ヒョコ。七《なな》ヒョコ、八《や》ヒョコに、こん九《ここ》のヒョコ、十《とっ》ピョコ、八《や》っピョコ、六《む》っピョコ、四《よ》っピョコ、二《ふた》っピョコ。ピョコピョコ、ピョコピョコ」

いい歳《とし》こいて、俺も……。

「蛇がニョロニョロ、一《ひと》ニョロ、三《み》ニョロ、五《いつ》ニョロ、七《なな》ニョロ、こん九《ここ》のニョロ、十《と》ニョロ、八《や》んニョロ、六《む》んニョロ、四《よ》んニョロ、二《ふた》ニョロ、ニョロニョロニョロニョロ、ニョロニョロニョロニョロニョロ」

「なめくじがヌラヌラ……」

よそうね、バカバカしいからね。

やってやがんだ。

「ああ、あああああ、治りました」

「治りました？」

「はい。治りました。大丈夫ですよ。お茶ですか？　たまにはいただきますかな。ハイハイハイハイ」

「旦那、ちょっとちょっと、ちょっとちょっと」

「何？」

「先生がいないほうがいいと思って。先生、〝治った〟と言ってますね」

「治ったのかね」

「治ったでしょう。お鍋さんに聞いたら、〝さっきは三味線弾いて、ちゃんと食べ物も食べてる〟って。あれは〝元気〟って言うんじゃないですか？」

「治ったのかね」

「ちょっと待ってくれ、旦那。勘弁してくれよ。〝治ったのかね〟って。と、何ですか？　ビューンと駆け出して二十数えるうちに隣町まで行って帰ってきちゃうっていうの、こういうのですか？　一俵《ひとびょう》の俵を持ち上げろってんですか？」

「そんなこと言ってないけどさ、今は元気だと言って、また……」

「〝また〟はまたの話じゃないですか。釈迦《しゃか》に説法で申し訳ないけど、人は病の器とかって言いますがね。それはまたの話ですよ。とりあえずは治った」

「うんうん、まあ、そうだろうね」

「治りましたね？」

「うん、まあな」

「〝まあ〟はよしましょうよ。治ったでしょう？」

「うん」

「それで、約束の百両とあっしの二十両」

「うん、うんうん」

「そんな〝うんうん〟て。同じ出すなら喜んで出しなさいよ。貰《もら》うほうはどっちだって貰えりゃ、それでいいんですからね。でもそればかりじゃない。金に代えられない。お嬢さんが元気になってくれたのは、ありがてえと思っていますよ。〝本当によく治ってくれました〟って、先生に治してもらったことはともかく、治ったお嬢さんにもお礼を言いたいね」

「まあまあ、そう言ってくれると私も嬉《うれ》しい。はいはい、はいはい。わかりました。それじゃ今、約束のものを」

　で、貰って、

「よかったら、ご飯かお酒でも」

「いえいえ、結構です。そういうのはあまり好きじゃねえんですね。帰りまして、あっしの家の斜前《はすまえ》の長屋が空いてましてて、女房《かか》ぁがきれいにしてます。そこへ先生に住んでもらってね、寝るもの食うもの持ち込んで、方々へあっしが口を利いて、治して、治ったらあっしがいくらか。ジャーマネだから」

「何だ、〝ジャーマネ〟って」

「そういうわけですから。お預かりして帰ります。

じゃあ先生、行きますか」

「ハイハイハイハイ、参りますかな。ホイホイホイホイ」

なんて帰っちゃった。帰ったはいいが、「何で治したんだろう」と気になっちゃった。これが積もり積もって、堪んなくなっちゃった。

ある日、ちょいとした手土産を持つとね、話に聞いた家《うち》はこのへんだろうと思って行くと、

「あの、ごめんくださいまし」

「ハイハイハイ、オヤオヤオヤ」

「あ、いらした。あの、わたくし……」

「あら、存じてます。忘れやしませんです。この間、高額、いろいろ助かりました。ありがとうございます。その後どうですか？　〝元気になった〟……あー、よかったよかった。よかったな。どうぞどうぞ。上がるのは構いませんが、何のお構いもできません」

「じゃ、お邪魔《じゃま》させていただきます。実は、あの、これはひとつ、お口に合うかどうか」

「いやー、ありがたいですね。貰います。あまり気にせんといてくださいな。そうですか、嬉しいですね。ありがとうございます」

「別に、これなんですけど。ここに百両入ってます。ひとつ、これを」

「あれ、何でしょう。いや、私、貰いましたよ。同じだけの額を。いや、むしろお返ししてもいいくらいのものですよ」

「いえ、そうでなくて、これを受け取ってもらいたい。実はわけがございまして」

「わけがあるでしょうね。わけがないことってないんですよね。とっても大事なことです。何でしょう」

「どうやって先生がうちの娘を治したか、これを教えていただきたいと」

「ああ、お嬢さんが治ったの？　イヤイヤイヤ、レッテレッテレレレレ。いいですよぉ。いやぁ、あのぉ、〝治った〟ということでいいんじゃないですか。そんなことよりも〝治った〟ということです」

「それなんですけども、どうやって治してもらったのかということが、気になって気になって。私の具合が悪くなってしまいます。助けると思って、先生、わけを話してくれませんでしょうか。お願いいたします」

「困りましたなぁ。そうですかぁ？　イヤイヤ、別に隠すこともない。けど、くどいようだけど〝治った〟ということで。……ああ、そうですか？　気持ちだと言うならお話しします。じゃ、これはお預かりしておきますがね。

私、お嬢さんを診ました。別にどこも悪くないの。悪くなくて、ああなるわけないんですね。そうなってるというのは、どこかに理由がある。でも理由がわからんのです。私にはわかりません。だって、当人もわからない。当人がわかればどうってことないです。例えば、恋患《こいわずら》いなんてありますね、親にも友達にも言えない、なんて。それは自分でわかってます。だけどあのお嬢さんのは、そういうことを含めて何だかわかんないんですよ。何と言いますか、人間てのはわからない。医者にも救えないんじゃないんですか？　ええ。わかることで救われた、なんてのは、これが世の中なんでしょうけど、また違うんでしょうな。いや、よくわかりません。

それで、聞いてたでしょ？　こうやって（耳を襖に近づけて）。聞きますよ、そりゃ、人のあれとして。ホイホイホイ。わかります、わかります。あたし、生意気なことを言ってましたね。いい歳こいて、〝世の中には愛を〟だとか、〝ご両親には孝を尽くせ〟〝海よりも深く山よりも高く〟……、いろんなこと言って、〝人間に生まれて〟〝大事に大事に命を〟〝わがままを言わずに正しく〟なんてことを言ってましたね。アッハッハ。

ご覧にはなってないでしょうが、実はあんとき私、お嬢さんが寝てます枕元で、立《た》て膝《ひざ》をしてしゃべってんです。それで着物の前を、着物ってほどのものじゃない、ボロの前をはだけて、それで下帯《したおび》、褌《ふんどし》を緩めてあるんです。だから、見ると、時々ブラッブラッと、有《あ》り体《てい》に言えば金玉です。ハイハイハイ。金玉がプラーッ、プラーッと見えるんですね。これ、バカバカしいでしょうねぇ。生意気なことを言って、親の愛だ、世の中だ、どうのこうの言って〝正しく生きよ〟。手前ぇのやってることは、目の前で金玉をプラーッ、プラーッ。世の中にこんなバカげたことはないですねぇ。アッハッハ。

もののついでに申し上げますが、世の中に金玉くらいくだらないものなんて、ないのね、ないのね、ないないない。何であるんですか？　わかりませんね。竿《さお》のほうは使うことがあります。だけど金玉要りませんね。竿を使ってるときは、金玉は脇《わき》で見てるだけだ。何のためだか。蹴《け》られりゃすぐ目を回しちゃうし、決めりゃ参っちゃうし。なんだかわからないです。

私の知り合いは、〝次の世に生まれ変わるなら、何に生まれ変わってもかまわないけど、金玉にだけには生まれ変わりたくない〟、そんなことを言ってました。アッハッハハハハハハ。

そりゃバカバカしいですよ。生意気なことを言って目の前に金玉プラーッ、プラーッ、と出しゃ、〝クスッ〟となる。これですよ。思わず〝クスッ〟。所詮《しょせん》世の中なんてのは、バカバカしいもんだと、〝クスッ〟。

これが大事なんです。これで何だかわからないことを忘れることができたり、逸《そ》らすこともできる。それが何だかはわかりません。お嬢さんにもわからないでしょう。ただ、〝クスッ〟とお笑いになってね、〝ああ、こんなものかいな〟と。

こりゃ、しめたもんです。あとは〝蛙一ヒョコ、蛇がニョロニョロ〟……、こんなバカバカしい唄はないですね。お嬢さんは一生懸命書き留めてました。もう大丈夫だと思いました。〝蛇がニョロニョロ、一《ひと》ニョロ、三《み》ニョロ……〟。こういうわけなんです」

「ありがとうございます。どうも……」

「お帰りになりますか？　いやいや、つまらん話をしました。あのぉ、また何かあったらいつでも伺《うかが》います」

「畜生、ふざけやがって、あの野郎。金玉で二百二十両取られちゃった。

……今帰ったよ」

「お帰りなさいまし」

「金玉プラプラさせやがって」

「何ですか?」

「一ニョロ、三ニョロ。金玉にだけは生まれたくない」

「あなた、大丈夫ですか?」

「いやいや、いやいや、大丈夫、別に心配ない。心配なんぞない」

それで、そのうちに、またお嬢さんが具合悪くなっちゃった。

「あなた、ご飯もあまり食べませんし、元気がありませんよ」

「そうかい」

「あのお助け先生に来てもらいます?」

「ああ、それには及ばん。わしがホイホイホイホイ、テケテケテケ」

「あなた、大丈夫ですか?」

「大丈夫、大丈夫。任せておけ、ドンとこい。誰も寄せつけちゃいけませんぞ。ホイホイ」

なんて言いながら、部屋へ入った。しばらくすると娘が「キャーッ」と目を回しちゃった。

「あなた、どうしました?」

「いや、あの」

駆けた、駆けた、駆けた、駆けた。熊公の斜向《はす》かい。お助け先生。

「先生！」

「どうしました？」

「あの、娘の具合が悪くなりまして」

「ハイハイハイ。どう具合が悪いのですかな？　〝ものをあまり食べない〟……あまり……。いくらか食べてますかね？　そうでしょうね。それで〝元気がない〟……ああ、それは気候でしょう。梅雨時はジメジメ。まして夕方なんて気分が悪くなる。誰だってジメジメすると嫌になります。そんなもんです。それが人間で。梅雨が上がって、まだ具合が悪いんでしたら、いろんな診方もあるんで、また私が伺って、いろいろお話などもさせてもらって」

「ところが、私は先生にうかがったことを娘にやったんです」

「やったって、何を？」

「ですから、これをこうして、娘に見せて」

「フムフム、ホイホイホイ、どうしました？」

「〝キャーッ〟って、目ぇ回しちゃった」

「それはいけませんな。どうやったの？　〝まくって、そっくり見せた〟？　全部見せましたか。それはいかんのです。薬が効きすぎたんです」

こういう噺、どう思う？　いいだろう？　俺作。今まで生きて経験してきたいろいろな事柄が、この落語の中に反映されている。だから弟子には、「たくさんネタを覚えておけよ。自分の考えていることに、どこでぶつかるかわからんぞ」と言っている。

なんというのか、心理というものはどうにもならないだろう。「医者は精神病を治せないだろう」と私は思っている。どうにもならないものを持ってる人間。そのどうにもならないものを持ちながら、生活するための、共同作業をするための思考を求められる、行動を求められる。これを世間では「常識」と言います。常識に対する「非常識」でもまとまらない「狂気」の世界。それらが存在することだけは確かですね。

今の世の中、自殺も増えてます。そのことに対する自分のジレンマを含め、このお助け先生にある部分を託している、ということもあると思っています。

## 映画のカメラ割りのように

ちょっと話は違うが、ついでに。

落語家は常に、こういうふうに（上下《かみしも》を切って）しゃべってます。役者なんかはAとBがしゃべってればCは聞いてるだけ。これは落語では演じませんが、私は演ります。映画をずいぶん見たおかげです。


「お前、この話をどう思うんだよ。俺ばかりじゃないよ、こいつだって心配したり、可笑《おか》しがったりしてるよ。どうなんだよ」

「それがね、実は言いにくいというか」

「〝言いにくい〟ってのは、ねえだろう。この三人の間で」

「だからね」

「どうしてだ」

「……」（Cが腕を組んで黙っている）

「だから言いたくない」

「言いたくなくても、言わなきゃしょうがねえだろう」


こういうふうにワンクッション（Cの存在）を入れて演る。

それから、これは演技上の話ですが、「お前はどうだい？」「そっちはどうだい？」と、何人もに順に聞いていく場面がある。

「どうだい、金はあるかい？」

「あるように見えるか」

「見えないね」

「ないよ」

「何だい。

そっちはどうだ？」

「札か、金貨か？」

「どっちでもいいよ」

「両方ねえ」

「こん畜生。

隣はどうなんだい？」

「相撲の番付」

「何？」

「同じく」

「〝同じく〟……。

次は？」

「チョン」

「〝チョン〟？」

「家賃払ったかい？」

「十八年くらい前に」

「いい加減にしろ。

お前はどうなんだ、家賃」

「貰ってない」

扇面《せんめん》みたいに要《かなめ》があって、（放射線状に）聞いていく。それを私は、

「俺はないよ」

「俺にあるわけはねえもんな」（別の方向を見て）

「だけど俺だって」（別の方向を見て）

ポンポンポンとカメラ割りをするようなやり方で何人もの登場人物を演る。映画を見ていてよかった。ただ見てるだけじゃ、わからないだろうけどね。芸人だから感じますね。芸人だからじゃない、談志だからかもしれない。

## 最もいやらしい行為と総白痴化

今日やったのは、落語の総括みたいなもんで。

くどいが、落語は、鎖国していた中で文化を楽しむしか手がなかった時代に発生した。今は〝文明、文明〟になってしまった。文明は文化を守る義務があるんだけど、それを忘れて〝文明、文明〟に行く。

昔だったら「バチが当たるよ」って文化的な言葉があった。今は、机上のコンピューターだけで金を儲《もう》けて、おまけに〝もっと儲けよう〟として犯罪として捕まっている、例えば村上ファンド、ああいうのを代表として、「最もいやらしい行為」だと私は思う。金ですべてを決める。田中角栄の影響だか何だかわかりませんがね。まぁまぁ、それはいいや。よくはないけどね。

文化を楽しむ、それによって人間の生きがいを感じていた中に落語が誕生して、やがてそれを大衆が受け止めるようになった。大衆の持つ、いやらしく、勝手で、ドロドロした怨念《おんねん》みたいなものまで、落語はある程度解決してくれているという事実がある。善い悪いの問題じゃないんです。それを解決しないと保《も》たない。

それを今は「ガス抜き」なんて言葉を使って、やれ〝大臣がどうだ〟とか、

〝役人がどうのこうの〟と言ってるけど、ちょっと正義面でいやらしいが、「もっとそこにあるものを、落語家は演じるべきだ」と。「そのために寄席というのが存在した」と私は思っております。

ただ、その寄席が、寄席中継を含めて、どっちかというと常識を守ろうとする人たちにまで聴かせなきゃいけない。それがジレンマ。もっとジレンマは、テレビ。

一例を挙げると、ビン・ラディンの事件があったときに、私はすぐビン・ラディンのTシャツを買ってきたんだけど、もうそれだけで逃げちゃう。誰が逃げちゃうか。そこに桂三枝《かつらさんし》（後の六代目桂文枝《ぶんし》）がいた。三枝がまず逃げちゃう。「関係ねえじゃないか。俺がやってるんだ。何か食らうのは俺じゃねえか」って言うけど、本能的というかね、逃げちゃう。もちろん三枝も、それほどドロドロしたものでもなくて薄く濁ったものを出すだけのことは演っています。けどテレビではできない。

最後に、ちょっとしたジョークを思い出した。これは星新一《ほししんいち》のＳＦ。ＳＭは違う、団鬼六《だんおにろく》さん。未来、ＳＦのほうです。

今は人間の本能がぶっ壊れて、ポルノグラフィで生殖というか種の保存をやってるんだって意見があるが、それにも飽きてきちゃって、子供がそういうことに興味を示さない。それで親が、

「困ったもんだね、これじゃ人類はどうなるのかねぇ。テレビを見なよ、お前たち。テレビを見なきゃ駄目だよ」

映してるテレビは公営放送で、ポルノ映画をやってる。

「これ見て興奮しないと、駄目になっちゃうよ」

子供が見て、

「フワー」（あくび）

「どうなるのかね、ならないね」

そういうエンディングの短編が星さんにありましたけど、そこへ向かってるというふうに感じます。

何が言いたいのかと言うと、〝落語は要らねえんじゃねえか〟ってこと。発展していかなきゃいけない人間だが、経済、衣食住の確立のためにやる共同作業が大変苦痛であり、精神的な負担であったりすることの「はけ口」として落語を置いといたんだ。けど、みんなが「はけ口」を求めて駆け回り、「はけ口」だらけの世の中となった。もう五十年以上前に、テレビは「一億総白痴化の元凶

だ」と大宅壮一《おおやそういち》［＊93］が言ってましたが、見事にそうなってきてるんですね。

え？「お前の話は一体何だったのか」？

強《し》いて言えば、落語というのは俺の趣味だよ。勘弁してくれよ。だから別に、お前のところに出向いていって、上がり込んで演ってるわけじゃねえじゃねえか。

舞台なんかで、「面白くねえぞ」なんて言う客がいる。俺のことだから黙ってないよ。

「プログラムのどこに〝面白い〟って書いてあった、この野郎」

以上！

［＊93］大宅壮一（おおや・そういち）。ジャーナリスト、作家、評論家。一九〇〇（明治33）～一九七〇（昭和45）年。一九五〇年台から台頭したテレビという新メディアに対して危機感を覚えた大宅が発した「一億総白痴化」は、流行語となった。

# 最終回

# ジョーク

**ニュートン、デカルトあたりまで**

チハ、ニイハオ、アンニョンハセヨー、ヨボセヨー。

講義、俺が一番面白かったろ？　自画自賛。最終回。

ジョークを一つ。

「俺、胎教に凝ってんだよな」

「胎教？」

「うちの女房が妊娠中でね。もうじき生まれる。その、お腹の子、胎児にね」

「ああ、知ってる知ってる。どんなことやってるの？」

「いい音楽を聴かせてるんだよ。するとね、この子がやがて有名な作曲家になったり、演奏者になったり、歌手になったり、そういう夢を託して」

「俺はそういうのは、信用しねえな」

「そうかい」

「信用しねえ。だってそれが証拠に、俺がおふくろの腹の中に居たとき、いつもおふくろは古ぼけた傷だらけのレコードをかけていたって言うんだよ。だからといって別に俺はね、だからといって別に俺はね、だからといって別に俺はね……」

いいジョークを探してくるんだ。

文明もニュートン、デカルトあたりまでだな。世の中に何が悪いって、一神教、特にキリスト教が悪いな。マルクス・レーニン主義も悪かったけど、なくなっちゃったからいい。キリスト教、その根底のアメリカはよくねえな。今ここでそんなこと言ってもしょうがないけどね。

ただハリウッドはいいなぁ。〝よかったな〟ですね。今はもう、とてもとても。人間の限界なのか、映画の限界なのか。

例えば海賊もの。昔の海賊ものは楽しかった。今見て面白いかというと面白くはないだろうけど、カリブの海賊の映画なんぞ、あんなグロテスクなものを見たって面白くも何ともないし、『ハリー・ポッター』も見に行かない。

人生の先輩というか、先にこの世に出てきた奴《やつ》の台詞《せりふ》として言うと、ミュージカル映画は『雨に唄えば』（一九五二年公開）。スタンリー・ドーネンとジーン・ケリーの共同監督。デビー・レイノルズ、ドナルド・オコナー、そしてジーン・ヘイゲンという敵役《かたきやく》の女、これは素晴らしい。

それから『イースター・パレード』（一九四八年公開）。♪ランランラランランララン。フレッド・アステア、ジュディ・ガーランド。

この二本を見ればいいと思います。これらは最高だと思います。

洒落たコメディ『ワンダとダイヤと優しい奴ら』（一九八八年公開）、下手《へた》すると、これも二十年近く前になっちゃうんじゃないですかね。〝昨日、今日だ〟と思うけど、もうジョン・クリースも、マイケル・ペリンも、古くなってしまった。つまり、イギリスのモンティ・パイソン。こんな話も、もうわからないんじゃないですか。ケビン・クラインくらいは、今も時々出ているから、いくらかわかるだろうけど。

## 『オー！ゴッド』の洒落た会話

そのころのニューヨーク、クリストファー・リーヴの『スーパーマン』（一九七八年公開、アメリカ映画）のビデオが、山のように積んである。横に同じように積んであった『オー！ゴッド』（一九七七年公開、アメリカ映画）。その話をします。

昔三人組でやっていて、その後反戦ソング、フォークソングで当たったジョン・デンバーという歌手がいます。彼が主役になって、その女房役は、美人じゃないけど、『未知との遭遇』（一九七八年公開、アメリカ映画）のときに手堅い演技をした女性です。それから私の好きな、ジョージ・バーンズ。これが神様。

スーパーマーケットの売り場主任であったジョン・デンバーが、ある日、商品の野菜をかき分けていると、そこに名刺が一枚。「会いたい　GOD」とある。〝神様……、何だ？　誰かのいたずらかな〟。また何かやるとそれが出てくる。電話をかけようとしていると、そこに置いてある。家《うち》帰って寝ようとして枕元《まくらもと》をふっと見ると「会いたい　GOD」。女房に「こういうのがあるんだけど」と言うと、「あんた、頭がおかしいんじゃないの？　大丈夫？」。

それがますます激しくなり、あるとき、「ここへ来てくれ」という。ビルディングの何階だったか、まあ仮に九階だとしますか。そこへ行ってみるんですね。すると白い部屋で何もない。

「ああ、よく来た」

「誰だ、誰が隠れているんだ？」

「ゴッド。神だよ」

「録音？」

「録音じゃない、神だと言っているじゃないか」

「神？」

「じゃあ、あなた、このビルの何階に居ると思う？」

「九階だろ?」

「ビルに九階はないよ」

バーッとエレベーターで降りてきちゃう。

「このビルに九階は?」

「ありません。七階のビルです」

ますますおかしくなってきちゃう。それで、「とにかく出てきてくれねえかな」と。


ちょっと前の映画ですから、ストーリーが違っているかもしれません。でも、言おうとすることはこういうことで、間違っていないと思います。


そうするとね、ふっとじいさんが出てくる。ジョージ・バーンズ。彼はコメディアンで、ラスベガスの常連。もと女房と二人でやっていたラジオ時代の売れっ子で、やがてはテレビに出るようになる。

葉巻をくわえてボソボソしゃべるこの人のジョークに、

「先生、私の友人が、八十六歳なんですけど、週に三回やると言っています」

「言いたければ君も言いなさい」

面白いでしょ、そんなジョーク。そのジョージ・バーンズが出てくる。

「神だよ」

野球帽被って、ジャンパー着てる。

「悪かった、悪かった。これは俺のミステイクの一つだった。後は、アボカドの種が大きいのもミステイクだ」

なんて言う。それで妙な交流が生まれる。で、二時間近い映画ですから、いろいろあるが、あるとき、神様が「テレビへ出てくれないか」って言うんです。

「神に会った。神の存在をテレビで」と。

「神様、そう言うけど、俺は別にそれほどの信者じゃないし」

「いいんだ、いいんだ。デパートの百万人目の買い物客みたいなもんだと思えばそれでいい」

「何するの？」

「テレビ局へ行って、俺に会った話をしなさい」

それで、テレビ局に取り上げられる。「ダイナ・ショア・ショー」。ダイナ・ショアってのは歌手で、♪ブルー・ブルー・ブルー、キャンアイイット、トゥイトゥイトゥイ……。これを真似《まね》して雪村《ゆきむら》いづみが出てきて……長く生きてますね、俺。国定忠治《くにさだちゅうじ》が山を降りたころ、彼に会ってるんですからね。西郷隆盛《さいごうたかもり》と一緒に将棋を指したこともある。ナポレオンにはジョニ黒を飲ませたことがあるし、とにかくいろいろ古い。

それで、

「神様は何と言いましたか？」

「近ごろは神の存在が薄くなったから、ひとつ鼓舞するような行為を起こしてくれと。早い話が〝百万人目のデパートの買い物客みたいに私が当たっただけだ〟とかね」

「どんな格好をしていますか？　神様は」

「野球帽を被ってジャンパーを着てね。〝アボカドの種の大きさもミステイクの一つだ〟と」

客は笑うわな。嘲笑《ちょうしょう》。バカにしたように、ワーワーと笑う。

似顔絵を書いて、最後に「彼が会った神様はこういう人でした」というと、その似顔絵が出る。ジョン・デンバーはお金を貰って、送りの車だったかタクシーだったか、うつむいて乗っている。

「お前は、よかったよ」

神様がタクシーの運転手をやってる。

「神様、ひどい目にあったよ」

「まあまあ、そんなもんだ。初めて神の話をすれば、あの反応だということぐらいは、俺にはわかっていた」

「神様、勘弁してくれねえかな。本当に神様？」

「何度言ったって、神じゃないか君、僕は」

〝僕〟と言ったかどうかはわからない。

「じゃ奇跡を起こせよ、ミラクルを」

「さんざん起こしたじゃないか。紅海《こうかい》も真っ二つにしたろ？　メッツも優勝させたろ？」


これ、「ミラクル・メッツ」［＊94］と言ってね。こういう会話のすごさね。


「紅海も真っ二つにしたろ？　メッツも優勝させたろ？」

「じゃあ雨を降らせてくれよ」

「いいよ、降らせても。でも今日は晴れだと思うから、みんな晴れのスタイルで出てるのに、雨を降らせて濡らしたら気の毒じゃないか。神はそういうことはしないよ」

「じゃ、いいよ。客席だけ降らせてくれよ。俺の迷惑はいいから」


［＊94］アメリカ・メジャーリーグの球団「ニューヨーク・メッツ」が、設立された一九六二年からの長い低迷の時代を乗り越え、一九六九年にリーグ優勝、ワールド・シリーズ制覇を成し遂げたことをこのように呼んだ。

「あ、そう。じゃ、降らせる」

ザァーッと雨が降ってくる。ウワッと驚く。ずぶ濡れになって家《うち》に帰ってきたら、周りはもう、モルモン教だかいろんな宗教が来てガンガンやってるんだ。〝テレビを見たから〟ってんでね。

で、いろいろあって、

「神様」

「何?」

「いや、あの、新興宗教……」

ま、今の言葉で言うね。

「あれ、よくないね。あれは偽物だと言ってこいよ」と神様に言われて、「あれは偽物だ」てなことを言う。

それで、訴えられるわけです。法廷のシーンになる。

裁判長が、

「こういうわけで、被告は教団を侮辱《ぶじょく》したというので訴えられた。弁護士を付けますか?」

「ノン」

「弁護士を付けないと有罪になる可能性が大ですよ」

「付けない。嫌だ」

「なぜ付けないんですか？」

「困ったときは、神様が助けに来てくれる」

ジョン・デンバーが傍聴席を見て、

「今、私が〝困ったときは、神様が助けに来てくれる〟と言った。それを聞いたあなたがたの心の中の十万分の一でもいい、百万分の一でもいい、〝ことによると、それはあるんじゃないか〟という気はしなかったか？　したと思う。神はここに存在するんだ」

いい台詞だなぁ。

すると、「ハーイ」って、神様が法廷へ入ってくる。いつもの野球帽を被って、ジャンパーを着て。

裁判長が、

「あれは誰だ」

「神様だ」

「〝神様〟？

……君は神様？」

「イエス」

「何しに来た」

「弁護に来た」

「署名しなさい」

「俺は神なんだから署名したってしょうがない。まあいい」

そんなことがあってね。で、「神の証拠をみせろ」と言われて、「トランプを持ってこい」と裁判長に言う。

「ない」

ポーンと、目の前に出る。

「いやぁ、そんなことは手品師もやる。象を消したのを見たことがある」と裁判長。

神様が、パッと目の前から消えちゃう。神様が去った跡だけが見える。ドアが開いて、スーッと行ってしまう。皆このミラクルを見てわかった。「じゃ、今回は無罪にしよう」ということになり、ジョン・デンバーは車に乗って並木道を行く。見ると電話ボックスがあって、電話が鳴っている。思わず降りて取ると、神様なんだ。

「あっ、神様。どこに居る」

「後ろのボックスに居るよ」

後ろのボックスに、何のために居たか知らないけど、居るんだ。

「神様、えらい目にあった。おかげで職を失った」

「いいじゃないか。そんなのいくらでもあるから、心配するなよ」

神様はサファリの格好をしてる。

「神様、どこ行くの？」

「アフリカだよ。これから動物たちと話をしてくるんだ」

ジョン・デンバーが、

「神様、これでお別れ？　俺は神様が好きになっちゃった。もう会えないんだね」

「うん、会えない」

「会いたくなったら、神様、どうすればいいの？」

「叫べよ、呼べよ。見てるじゃないか」

これが落《さ》げなんだ。

で、ジョージ・バーンズがチャップリンの『街《まち》の灯《ひ》』みたいに、グーッと去っていく。

会話が洒落《しゃれ》てた。「映画は脚本」なんです。

## 「業の肯定」とジョーク

あるヨーロッパの学者がニューヨークに招待されて、「先生、今日はひとつ楽しみましょう」と言うので、プレイボーイクラブ、今はあるかどうかわからないけど、つまりは会員制のクラブみたいなところで、ショーを演ってる。ショーマンは、ウケている。先生も一緒になってワハハハと笑ってる。気が付いた同行者、案内、江戸弁では「あない」と言いますが、案内をしていた人が、

「先生、確か英語はわからなかったんじゃないですか？」

「僕は、英語はわからないですよ」

「何で、拍手したり笑ったりしてるんですか？」

「僕は芸人を信じてるんだよ」

いいねぇ。

もう少しジョークをやって締めにします。

ずっと落語とは何だってことをしゃべってきたが、ものごとには各論、そして終論というか結論がある。その前にも序論、各論、何論、結論となるんですけど

ね。で結論を一口に言うと、「落語とは、人間の業の肯定である」。その業は、「常識」に対する「非常識」ばかりではなくて、人間の中にある〝どうにもケリがつかないもの〟までの肯定である。

理由があるジョークはまだいい。例えば、今は精神病院というんですか、そのジョーク。


「だいぶよくなりましたか？」

「僕は院長だよ」

「外見だけで言ってすみません」

と、こういうジョークを作る。


「先生、六号室の患者がだいぶよくなりましたね」

「ほう、どんな患者だっけ？」

「〝俺はルイ十二世だ〟と言ってる……」

「おお、どうなった？」

「昨日から〝ルイ十三世〟と言い始めましてね」

前にも出したが、いいジョークだね。

「先生、待合室にだいぶ患者が」

「どのくらい来てるんだい？」

「十二、三人」

「あ、そう。どんなのが来てるの？」

「ナポレオンが三人に、弁慶と、それから山本五十六《やまもといそろく》に、国定忠治に、立川談志が二人来てる」

俺の好きなジョークに、

「次のナポレオンの人、どうぞ」ってのがある。

「君はナポレオンですか？」

「誰が決めたんですか？」

「もちろん、神です」

隣に居た奴が、

「いつ俺がそんなことを言った」

こういうのはまだ、常識側から見て笑ってる。

「あんた、傘を忘れたのをどこで気付いたの？」

「うん、雨が止《や》んだんで、すぼめようとしたときに気が付いた」

こうなってくると、ちょっと不可解になってきます。


町を歩くと、二人連れの奴がいて、何かを肩に担ぐようにして歩いてる。

「お前たち、何してるんだ」

「あ、いけねえ。材木を忘れてきちゃった」


これがもっと、わからなくなってくる。


「信号が青だぞ」

「鰻《うなぎ》に知らせるな」


「ここがおばあさんのお墓の跡よ」

「うん、火星人にだけは見つかりたくない」

なんだかわかんない。


「七番、ショート、下手投げ」

「おう、嫉妬《しっと》深い奴だな」

〃わけのわからないものを並べていく〃と、可笑《おか》しいんです。

「お前のところの縁の下に飼ってたキリン、どうした？　居なくなっちゃった？」

「そうなんだ、家出しちゃったんだよ」

「理由は？」

「〃徳利《とっくり》のセーターを着るのが嫌だ〃とは言ってたけどね」

「どこ行った？」

「知らねえ。宮内庁じゃねえかな」

「俺は防衛庁じゃねえかと思うな」

「そうかな。東京駅かな」

「地下鉄だよ、お前《め》ぇ」

「そういや、地下鉄が割と好きなキリンだったけどな」

「納豆、食ってたろ」

「そういえば、近ごろ、納豆を食うようになった」

「そーれ、ごらんよ。な、それで〃俺はラクダなんだ〃と言い始めただろう？」

「それそれ、そういや、そんな感じだ」

　なんだかわけのわかんないことを言ってることにおいて、それがあるとき〝合う〟ことがある。私は寝るときに頭の中で、「羊が一匹……」はやっちゃったから、「ナポレオン、イギリス、星の数、ストロベリー、落語家、冗談」というふうにやる。ただし、これはつながっちゃうから面白くない。「ブロードウェイ、トナカイ、掃除夫、雑巾《ぞうきん》」と、これは言葉と言葉がくっつく。とてつもないのが来ると、思わずブッと笑いたくなる。てんで離れてるものをくっつかせるには、三つ四つの段階を言わないといけない。「天照大神《あまてらすおおみかみ》、ドブネズミ、供《そな》え餅《もち》、花見」と、これはくっつく。そういうジョーク。

　話を戻しますと、人間の「そこ」にあるもの、「そこ」ってのは「そこ、ここ」の「そこ」、それから「底」の両方。これを肯定しているのが落語である。それだけに、「常識」という世界でがむしゃらになっていた、またはそこに居なきゃいられなかった時代には、非常に効果のあったものです。

　それが今は、「しゃべってはいけない」と。「常識を守りなさい」と。そりゃしようがないよね。よしゃいいのに選挙なんぞに出たんだからね。国会議員までやっちゃったんだ。いろいろ理由はあるんだけどね、冷やかしに行ったの［＊95］。

［＊95］談志は一九六九

抽象的な言い方だけど、〝そういう世の中になってしまった〟ので、「落語の存在ってのは、何なんだ」と。

いろいろなことを総合しながら、「一人で笑わせる」というテクニックを持った芸人ならば、古典落語のある部分を題材にしながらしゃべっていくことができる。一番いい例が、うちの志《し》の輔《すけ》ですね。聴いてご覧なさい、面白いですからね。

そしてありとあらゆるジャンルから持ってきた、それこそ空想もある。もうその時分から、細菌同士が話をする落語もあった。他に、この種の芸はない。明治、大正、昭和の初めに円熟期があった。それで戦争になったときに、本当は軍隊を揶揄《やゆ》したもの、前に言った、映画『二等兵物語』みたいなものを、あのときこそ必要だったんですね。金語楼がいくらかやってましたが、駄目ですね、日本人は。

ついでに言うと、日本はこれから〝どうなるのか〟。〝どうにもならない〟んじゃないですか？　世の中は、日本ばかりでなくアメリカも、〝どうにかすれば何とかなる〟というものじゃない。目的があって懸命に働いているうちはいいけど、爛熟してしまったり、あるいは爛熟する前に滅びていくんでしょうね。だったらジョークでもやりますか。

（昭和44）年、三十三歳のときに衆議院議員総選挙に出馬し落選するが、一九七一（昭和46）年に三十五歳で参議院議員選挙（全国区）に出馬し当選、国会議員となった（一九七七年まで）。一九七五（昭和50）年には沖縄開発庁政務次官となるが、一ヵ月で辞任している。

酒場へ行ったら、太った中年の女性がアヒルを連れて入ってきた。アヒルにリボンか何かをつけて。酔っ払いが見て、

「豚を連れてくるんじゃねえ」

「酔ってますね、あなた。何を言っているの。豚じゃない、アヒルでしょ」

「俺はアヒルに言ってんだ」

毎晩レストランで食事をする。

「君は何で毎晩レストランへ来て食事をするの？」

「女房が料理を作らないからね」

「あなたは？」

「女房が料理を作るからね」

誰も、こういうものを持ってこようとしない。あの馬鹿どもは、「ジャイアンツはね」とか「松井が」とか、そんな「近ごろは」なんて話をしてる。

電車の中で化粧してやがる、この馬鹿女ども。今にあいつら、きっと電車の中

でタンポンを替えるぞ。癪《しゃく》に障《さわ》るから弟子呼んで、弟子に尿瓶《しびん》持たせて、小便してやろうか。あ、それよりもいいのは、母親を呼び出して、肩を叩いてやろう。ウケるだろうね。電車の中で親孝行してやる。

ジョークってのは昔のものばかりじゃなくて、ふっとできるんです。台湾だったかどこだったか、私はフカヒレのスープが好きなんですが、〝フカヒレがない〟と言う。


「没有《メイヨー》（ない）」

「北京《ペキン》ダックは？」

「没有（ない）」


「ないのかい？」

「他は何でもあるんだけどね、どういうわけだか、師匠が言ったフカのヒレとダックはないんです。何でしょうねぇ」と言うから、

「〝カモなくフカもなく〟という店で」

そういう駄洒落を含めて、上手いんですけどね。

レストランジョークをもう一つ。

レストランで食事をしている闘牛のファンがいる。闘牛をやってる町々を行って、そこで夕食、ディナー。ある料理が別のテーブルに運ばれてくる。それが来ると、歓声があがるんだね。それに気が付いた。

「あれ？　何だろう。……ちょっとウエイター君。今行った料理は何なの？」

「当店の名物なんです。スペシャルです」

「ほう。材料、ネタは何なの」

「ありていに言うと、牛の睾丸《こうがん》なんです」

「ほうほうほうほう」

「うちはオーナーが闘牛場のスポンサーとでもいいますか、非常に有力な人でして、ですから闘牛があったときでないと、つまり、闘牛場から即ここへ来るというこの新鮮さと、それから料理法、珍しさ、この三つの付加価値があいまって人気があるんです」

「ほう、食べたいな」

「ところが人気があるから、リザベーションがずっと先まで入ってます」

「ああそう。いつごろなら？」

「来月の五日あたりでしたら」

「じゃ、来る。頼むよ」

「はい。わかりました」

　で来てね、

「ああ、頼むよ、例の。わかってるね」

「わかってます」

「アヒルの卵ぐらいのものが二つ」

「ええ、わかってます。わかっております」

　待つこと久し。持ってきた。

「お待ちどうさま」

「ちょっと、ちょいちょいちょいちょい」

「は？」

「〝は〟じゃないよ、何これ」

「お客さんが注文なすった……」

「待ってくれ。注文したのはアヒルの卵ぐらいあるものが二つ載ってた料理で、
これは梅干しみたいなのが二つ載ってるだけじゃないか」

「お客さん、闘牛ってのは、牛が殺《や》られるばかりとは限らないんですよ」

## 談志が死んだ

落語は江戸の中期から出来上がり、栄えてきた。もちろん、時代とともにいろいろと変わってくる。「今度は変わっちゃいけないんだ。だから俺が存在して、何年か保《も》たせたんだ」というのを含めて、だんだん流されていくんでしょうね。

談志と一緒だったってことは、私が志《し》ん生《しょう》を、柳好《りゅうこう》［＊96］を、馬風《ばふう》［＊97］を聴いていたことと同じように、ファンにとっては大事なんだろうと思うなぁ。

「ならもっとちゃんと生きろよ」って言うけど、ちゃんと生きないところも、言い訳じみてるけど、談志らしいんじゃないんですか。

よく言うんですけども、「運動しろ」「陽に当たれ」ったって、嫌だよ、陽に当たるなんて。「ネオンは焼けないから体にずっといい」なんて言う。昼間ジョギングして、夜になって「吉原《よしわら》と申しまして、遊女《ゆうじょ》三千人……」、やってらんない。

そういう俺だって、もう腰は痛いの、脚は痛いの、眠れないの、薬飲むの、ヤク中、その後遺症が全部出てくる。もうあと一年で出てくるでしょう。そのときは「助けてくれ」と泣き叫ぶんでしょうね。だから俺なのかもしれない。まぁ、いいや。

言葉の遊びが始まり、やれ『万葉集』をパロったり、中国の文学を、または故《こ》

［＊96］三代目春風亭柳好（しゅんぷうてい・りゅうこう）。本名松本亀太郎、一八八八（明治21）～一九五六（昭和31）年。二代目柳亭《りゅうてい》（のちの談洲楼《だんしゅうろう》）燕《えん》枝《し》に入門。その後燕雀《えんじゃく》、錦枝を経て、一九一七（大正6）年三代目春風亭柳好を襲名して真打ちに昇進。

［＊97］九代目鈴々舎馬風（れいれいしゃ・ばふう）。本名色川清太郎、一九〇四（明治37）～一九六三（昭和38）年。一九二一（大正10）年六代目金原亭《きんげんてい》馬生《ばしょう》（のちの四代目古今亭《ここんてい》志《し》ん

事来歴《じらいれき》をいろいろパクって拵《こしら》えてきた。その中に「謎かけ」もあれば「落語」もあれば、「問答」もある。「問答」ってのは、「一つでも饅頭《まんじゅう》とは、これいかに」「一枚でも煎餅《せんべい》と言うがごとし」てなことを言う。

それから前に言った「回文」、「竹屋が焼けた」「旦那《だんな》がなんだ」「私負けましたわ」。これは現代でも結構皆やってるんですよ、

「品川にいますぐ住まい庭がなし」

よくできてるね。上から読んでも下から読んでも、同《おな》んなじなんだ。

この間、見て吹き出しちゃったのがあった。

「役人に知り合いありしニンニクや」

ウケちゃった。いいねぇ。お見事。

こういう文化を遊ぶ人たち、頽廃《たいはい》的にならず文化を遊ぶ人たちが、〝周りが金で、物質で右往左往している〟ところで、孤高な状況にいられないんだよな。可《か》哀想《わいそう》と思います。

だから私が、それらを統括するというか、そういう人たちの発想を受け止めて、出してやるようなことを過去にやった。『大笑点』［＊98］なんて本を出しましたが、そういうのがあればいい。

偽文化はいくらもあります。お能だとか、ズバッといえば瀬戸内寂聴《せとうちじゃくちょう》なん

生《しょう》）に入門、金原亭馬治《うまじ》。一九二六（大正15）年師匠志ん生が亡くなり、四代目蝶花楼馬楽《ちょうかろうばらく》（のちの四代目柳家小《やなぎやこ》さん）門下となる。一九二七（昭和2）年鈴々舎馬風を襲名して真打ちに昇進。

［＊98］書籍『大笑点』（竹書房刊、全二巻）のこと。雑誌「特冊新鮮組」（同）に連載された談志企画の同

て、さんざっぱら遊びまくって、年取ってどうにもならなくなったから坊主にすりゃいくらか保《も》つだろうと。〝よく言う〟と思うよ、あんなこと。何も瀬戸内さんばかりの話じゃない。

そこに居なきゃならない。辛《つら》いと思いますよ。

「お客さん、闘牛ってのは、牛がやられるばかりとは限らないんですよ」

この世界で遊びたいじゃないですか。

「二十二、二十二、二十二……」

この世界でね。


「談志が死んだ」

回文として覚えておいていただきたいと思います。

戒名を、「立川雲黒斎家元勝手居士《たてかわうんこくさいいえもとかってこじ》」［＊99］と申します。

この辺で。

妙法蓮華経《みょうほうれんげきょう》、南無《なむ》妙法蓮華経。

虎《とら》が哭《な》いたら大変だ。イエッサー！


名の大喜利コーナーを書籍化したもの。

［＊99］東京・文京区にある談志の墓には、談志直筆によるこの戒名が刻まれている。

# あとがき

サンキュータツオ
（漫才師、渋谷らくごキュレーター・学者芸人）

四十代にさしかかったような若造の私、しかも落語家でもない私が談志師匠について書くということはおこがましい。とはいえ、落語家でもない人間にまで刺さり続ける談志師匠というのは、むしろ近くにいらした方々からは想像ができないかもしれないですが、一九九〇年代、二〇〇〇年代、そして没後と談志師匠の高座を体験したひとつのサンプルとして私から見た談志師匠を記録しておきたい。

落語という芸は生の芸だから、本来であれば高座があり、目の前にお客さんがいて、落語家のしゃべる言葉を聴いて、お客さんがその言葉を頼りに世界を想像して、笑ったり泣いたりして、それで終わりである。録音も録画もしない、その日、その場所にいる人たちだけで共有する非常に緊張感のある、それでいて贅沢《ぜいたく》な芸能だ。その美学がある。

普通の落語家なら、噺《はなし》をひとつ磨きに磨いて、完成させたらそれを演じ続ける。年を経るごとに不要な箇所を削ったり、言い方を変えてみたりするマイナーなチューンアップはあっても、基本的には大きく変えずに師匠から教わったものを演じ、そして弟子に伝えていくことで「噺」を守ってきた。だからクオリティが担保されている。

ところが談志師匠は噺を大胆に編集し、演出する。珠《たま》のように磨いた一席を守るのではなく、まったく見たことのない光を放つ鉱物へと変化させた。変化というか、いまでいうアップデートという言葉がより正確だ。バージョンがちがう。ほかの演者がウィンドウズ95を使っているのに、談志師匠はすでにウィンドウズXPくらいまでいっていた。だからこそ、生の芸能にもかかわらず、その日そのときしか聴けない高座の連続だった。「どうせ行っても、前とおなじのをやるだろう」とはならない。こうして「その場所にいく」動機を作ってくれた。

同時に、談志師匠がやったことは「言語化する」「記録する」という作業だ。生の芸である美学は、談志師匠自身がだれよりもご存じであるはずなのに、その美学と対極にある野暮《やぼ》なこと、それをなぜしたのかを考えることも重要だ。この書籍もそうだ。この点、世間の人たちが誤解しているところかもしれないが、単なる自信家、評論家とはまったく動機が違う点に留意してほしい。本来ならしたくないことを、しなくてはいけない状況に追い込まれていたのだ。

箸《はし》を「一膳《いちぜん》」ではなく「ワンセット」と言ったり、そばをすすったり手繰《たぐ》ったりせずに「食べる」としか言わなくなっている人たちが存在する時代に、へっついや泥棒が当たり前のように出てくる落語は、現代人にとってはファンタジーだけれど、噺の成立当初はリアルだった。で、時代が昭和、平成とうつっていくたび、このリアルとファンタジーの距離はどんどん離れていく。ここでも取り上げられている、「親孝行はいいね。昔から一緒だね」と今思わせような噺は、当時「親孝行しなくちゃいけないストレス」のちょっとしたガス抜きだったかもしれない。そもそも電気もコンビニもない時代だから、飢えと寒さが落語なんだと喝《かっ》破《ぱ》した談志師匠。そりゃあ、泥棒だってそのへんにウヨウヨいた。

こうして、時代ごとに人間の生活がバージョンアップされるにつけ、噺の本質がよくわからなくなってきたところを、師匠は言語化して噺の肝《きも》を示したのだった。だからこれは歴史の話とも直結している。

そして、このことはいま「落語を語る」言葉の在《あ》り方としてすでに定着している。落語における解釈論など、談志師匠の前後で大きくそのありようを変えたのだ。

で、そこまでなら歴史学者や評論家もがんばればできるかもしれないところ、師匠はさらに落語の訴えかけてくるメッセージまで言語化してくれているのだ。ウィットとユーモアを解説したうえで、そのどちらにもあてはまらない落語のなんとも不気味な恐ろしさとおもしろさを伝えてくれている。イリュージョンという言葉はいまだその解釈に多少の幅があるものの、業《ごう》だったり非常識であったりするものを肯定していると言語化し、後世に残してくれているのだ。

高座の談志師匠は孤独に見えるときがあった。会場の人にもあまり伝わらず、それでもめげずになにかを説明しようとしているときがあった。活動や高座を連続的に「線」で追わない人はそれを言い訳だとか、評論家だと言ったりしていたけれど、決して私にはそのように見えなかった。

師匠は、まだ見ぬだれかに語りかけるために、言葉にし、また文字にし続けた。歴史に語り掛けたのだ。目の前のお客さんとの最高の時間を大切にしながら、まだ見ぬだれかに語り掛けるものも残している。この本もそのひとつだ。だからこそ、談志師匠の思考や美学は、世代を越えて読み継がれている。生の談志師匠に触れたことすらない人が、談志師匠を辿《たど》ることだってできるのだ。だから、これから落語や談志師匠に興味を持つ人を馬鹿《ばか》にせず、ぜひ仲間を迎え入れる気持ちで歓待し、語り合ってもらいたい。ほかならぬ談志師匠が、そうしてきたのだから。そのためにも、噛《か》みしめて読んでほしい。

個人的には、あれだけ味わい深い文章を数多く残している談志師匠が、落語ではなく講義という形で言葉を発し、それを談話という形で残した本書は、談志師匠の話体を知るうえで大事な資料であるとともに、師匠が生涯をかけてチャレンジした落語または落語的なものの発する「非常識」の用例、さらにその分析をした資料でもあり、研究意欲をくすぐられる一冊である。

直接うかがいたいことが山ほどあるのですが、師匠の残したものを追う作業も、また楽しみのひとつなのでじっくり味わいたい。

言葉を残してくれた談志師匠、ありがとうございます。

談志師匠は私たちに、芸だけではなく言葉を残してくれた。言葉にすることを悪くないことだと教えてくれた。哲学を持った言葉は、世代を越えて伝っていく。私ははやく「これからの談志ファン」と語りたくて仕方ないのである。

# 本書をより理解し、味わうための談志著作一覧

＊口述・共著・対談・鼎談を含みます

## ■落語論

**『現代落語論』**１９６５年、三一新書。『立川談志遺言大全集』10に所収

**『あなたも落語家になれる』**１９８５年、三一書房。『立川談志遺言大全集』13に所収

**『新釈落語咄』**１９９５年、中央公論社。１９９９年同名で中公文庫。『立川談志遺言大全集』12に所収

**『新釈落語噺〈パート2〉』**１９９９年、中央公論新社。２００２年『新釈落語噺〈その2〉』として中公文庫。『立川談志遺言大全集』12に所収

**『立川談志遺言大全集』**全十四巻、10～12、２００２年、講談社

**『談志　最後の落語論』**２００９年、梧桐書院

**『談志　最後の根多帳』**２０１０年、梧桐書院

**『談志が遺した落語論』**２０１４年、dZERO

## ■芸人論

**『談志楽屋噺』**１９８７年、白夜書房。１９９０年同名で文春文庫。『立川談志遺言大全集』13に所収

**『談志百選』**２０００年、講談社

**『立川談志遺言大全集』**全十四巻、13～14、２００２年、講談社

**『談志絶倒　昭和落語家伝』**２００７年、大和書房

## ■笑い／ジョーク

『**眠れなくなるお伽咄**』1996年、DHC
『**家元を笑わせろ**』1999年、DHC
『**大笑点**』全二巻、2002年、竹書房

## ■談志落語の記録

『**立川談志独り会**』**全五巻**、1992〜1995年、三一書房。『立川談志遺言大全集』1〜9に所収。2013年『談志の落語』として静山社文庫
『**立川談志遺言大全集**』全十四巻、1〜9、2002〜2003年、講談社
『**談志の落語**』全九巻、2009〜2011年、静山社文庫
『**立川談志　まくらコレクション**』全二巻、2015年、竹書房文庫

## ■生き方／考え方

『**ナムアミダブツ**』1998年、カッパ・ブックス
『**談志人生全集**』全三巻、1999年、講談社
『**食い物を粗末にするな**』2000年、講談社＋α新書
『**談志ひとり会　文句と御託**』2000年、講談社
『**人生、成り行き**』2008年、口述（聞き手・吉川潮）、新潮社。2010年同名で新潮文庫

『世間はやかん』2010年、春秋社
『遺稿』2012年、講談社
『最後の大独演会』2012年、ビートたけし・太田光との共著、新潮社
『談志　名跡問答』福田和也との共著、2012年、扶桑社
『立川談志自伝　狂気ありて』2012年、亜紀書房

## ■その他

『笑点』1966年、有紀書房
『酔人・田辺茂一伝』1994年、講談社
『談志　受け咄』1997年、三一書房
『童謡咄』2000年、くもん出版
『談志が死んだ』2003年、講談社
『談志絶唱　昭和の歌謡曲』2006年、大和書房
『談志映画噺』2008年、朝日新聞出版
『増補　談志が死んだ』2013年、dZERO

本書は、差別表現として今日では好ましくないとされる、職業に関する、また身体障害に関する用語を使用しています。しかし、古典落語という演芸の価値と性質、著者の独自性を鑑み、一部、削除や訂正は行いませんでした。

（編集部）

著者略歴

落語家、落語立川流家元。1936(昭和11)年、東京都に生まれる。本名、松岡克由。小学生の頃から寄席に通い、落語に熱中する。16歳で五代目柳家小さんに入門、前座名「小よし」。18歳で二ツ目に昇進し「小ゑん」。27歳で真打となり、五代目立川談志を襲名する。1971(昭和46)年、参議院議員選挙に出馬し、全国区で当選。1977(昭和52)年まで国会議員をつとめる。1983(昭和58)年、真打制度などをめぐって落語協会と対立し、脱会。落語立川流を創設し、家元となる。
2011(平成23)年11月21日、逝去。

著書には、『現代落語論』『あなたも落語家になれる』『談志受け咄』『立川談志独り会』(全5巻)『立川談志遺言大全集』(全14巻)『大笑点』(全2巻)など多数。

**落語とは、俺である。立川談志 唯一無二の講義録**

2017年10月25日　初版第一刷発行

著　　者　立川談志


構成・編集　松戸さち子(株式会社 dZERO)
編 集 人　加藤威史
編集協力　吉村作治
株式会社アケト
有限会社談志役場
株式会社ポニーキャニオン
写　　真　阿久津知宏
装　　幀　ニシヤマツヨシ

発 行 人　後藤明信
発 行 所　株式会社竹書房
〒102-0072 東京都千代田区飯田橋2-7-3
電話 03-3264-1576(代表)
03-3234-6381(編集)
http://www.takeshobo.co.jp
印刷・製本　中央精版印刷株式会社



ISBN978-4-8019-1247-2 C0076

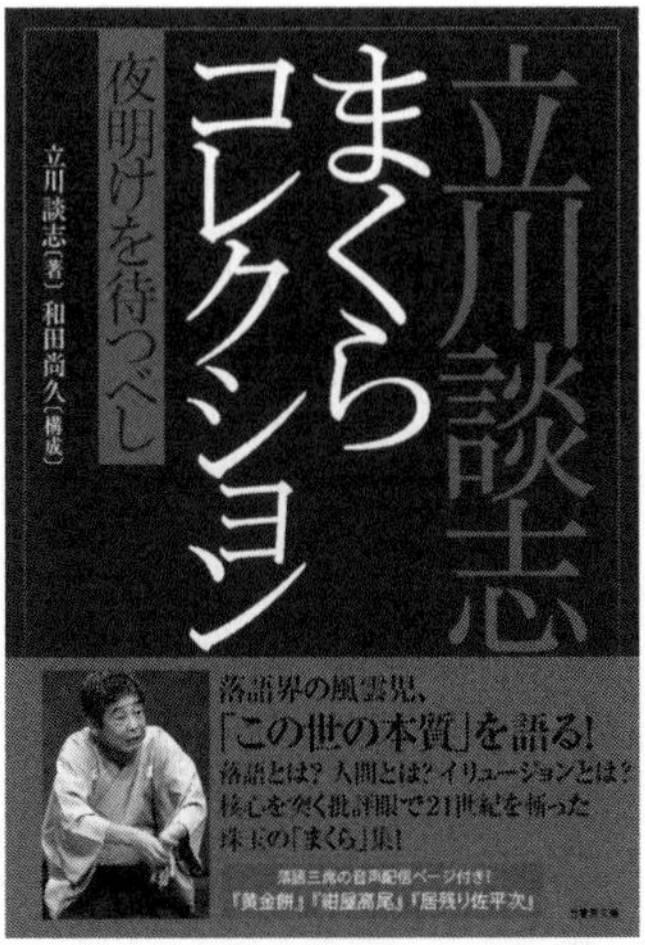


**文庫　立川談志 まくらコレクション**
**夜明けを待つべし**

---

**立川談志〔著〕和田尚久〔構成〕** **定価本体800円+税**
**竹書房 刊**

立川談志に“禁句”は無い!落語界の風雲児と評された天才落語家・立川談志が、“まくら”で斬った平成の事件、世相、社会問題が文庫で味わえる!

古今亭志ん朝、師匠・五代目柳家小さんの死とその意義を語り、「イリュージョン落語」を論ず。

国際情勢と日本の政治家を皮肉り、アメリカ同時多発テロで「たが屋ぁ〜」と発し、金正日万歳と叫ぶ。落語とは、幸福とは、常識とは、社会とは、人間とは、森羅万象の本質を語る珠玉の話芸。

最円熟期に語られた“立川談志の業”をイッキ読みする“まくら”集!

# 10枚組DVD-BOX 談志大全（下）

DVD総再生時間 約1,211分/カラー/ステレオ/アスペクト比4:3〜16:9
片面二層/4:3/M-PEG2/NTSC/リニアPCM ■DVD10枚組デジパック＋豪華解説書（80P）付
**本体価格38,000円＋税　発売元・販売元：株式会社 竹書房**

2011年11月21日に永眠した稀代の天才落語家・立川談志…そして、一周忌の2012年11月に、DVD-BOX「談志大全（下）」が待望の発売! 文豪・色川武大が予言した談志の円熟期――65歳から71歳までの黄金の時代に録画された名演・熱演を厳選し、ずらりと34演目並べた全生涯ベスト期間DVD全集の完結編です。己の体調不調と死期を語りながらも、魂を叩き込むように熱く演じきった名高座の数々を、たっぷりとご堪能下さい。

＜収録演目＞

**あくび指南〜笑い茸〜蔵前籠／ずっこけ／夜店風景〜洒落小町／鉄拐／源平盛衰記／紙入れ／道具屋〜平林／鼻欲しい〜勘定板／堀の内／笠碁／たいこ腹〜子ほめ／大工調べ／死神〜夕立勘五郎／千早ふる／権兵衛狸／ぞろぞろ／文七元結／野晒し／蒟蒻問答／付き馬〜二度目の清書／孝行糖／金玉医者／蝦蟇の油／お血脈〜やかん／芝浜**